COLORFUL

COLORFUL
COLORFUL

愛情趴趴走

當愛情遇上婚姻

張璇著

想婚，不能太「隨緣」

張璇

時間過得好快，轉眼我已從少女變成了少婦。不知不覺也晉升到了「姊」字輩（據說可以被叫到五十歲），笑的時候得稍微收斂些（小心魚尾紋），穿扮得像貴婦一點，還得擔心突然從背後傳來一聲「小阿姨」。

到了我這個年紀（過了三十五），身邊該結婚的人差不多都結了，想離的也差不多都離了，雖然早已不再單身，卻發現自己老是和一群單身俱樂部的成員們鬼混。不是我還想假裝「沒綁約」，而是因為「目前單身」的朋友（包括已嘗過婚姻滋味又回復自由身的師奶）真的比已婚幫為數多太多啦！

雖然晚婚率、不婚率和物價一樣不斷飆升，有趣的是，好幾位常年處於「無男友過渡期」的熟女玩伴，都在今年找到了生命伴侶（害得我有點悵然若失）。官方的統計也呼應了這個現象：原本二十五～三十四歲的未婚人口佔了總人口數的六成，到了三十五～三十九歲，單身比例馬上跌降到三成。

我不認為是因為大部分的人都吃社會主流價值的那一套，或被生理時鐘牽著跑，而是有些人一過了三十五歲，面對諸多天災人禍的衝擊和長期單打獨鬥、為生活奮戰的疲累，突然開始認真面對內心深處最真實的呼喚。

雖然媒體不斷鼓吹著「單身最幸福」和宣告「大不婚時代」來臨，又說台灣有八成以上的單身上班族，每週約會不到一次，我依然相信真正適合長期獨處也非常享受單身的人始終是少數，在這當中的絕大多數，只是因為「對的人還沒有出現」而暫時維持單身（這個消息應該很令人振奮，因為很多人跟你一樣想婚）。

從事兩性研究已進入第十個年頭，寫了七本書，這次我尤其謹慎，原因之一是全球化時代的兩性作家不好當（大部分的人早已不再相信專家，或說人人都覺得自己就是專家），所以我大費周章、翻箱倒櫃，傾出近十年來自己上山下海做的田野調查心得和各路真實案例（其中一部分文章在今年的《蘋果日報》和《自由時報》專欄上發表過）；原因之二是我知道單身粉領不好惹，所以說話得小心點。

我認識很多一級棒的「三高女」，她們從不認為自己的身價會隨著年齡暴跌，也不需要任何人提供感情方面的建議（喝醉酒和受委屈想大哭的時候除外）。

我冒著被圍毆的危險跳出來嚷著：「女人，別再裝肖維！」是出於心疼的肺腑之言。單身好還是已婚好並不是我想探討的重點，而是感嘆有太多聰明的女人一愛就會變笨，或是自欺欺人，逃避面對感情問題的真相。

我知道如果我說「故作堅強」也是一種裝肖維，可能很多人會不高興。但，真的看到不少「非自願性單身者」用一些很奇怪的方式在「殺時間」，甚至開始出

現某些異常行為（比方參加「去死去死團」或對任何已婚男女嗤之以鼻）。

單身當然可以活得精采又有質感，我絕對認同女人的幸福不一定來自愛情和家庭，結了婚一樣有不同的寂寞要面對，但是你得先弄清楚，是因為某些社會現象而害怕婚姻，還是努力嘗試後發現自己真的不適合婚姻？

這些年來我一直很關切為什麼這麼多人想婚卻婚不了？認真愛卻遍體鱗傷？為什麼女人很容易被哄、被誆？滿坑滿谷渴望愛情卻乏人問津的曠男怨女們又該怎麼辦……？

這是本專為渴愛和想婚者量身訂作的實用手冊，也許能成為你情感航程中的一座燈塔。許多人都在「找」那個全宇宙與自己最契合、最心靈相通的理想情人，擇偶條件可以開出一大串，卻很少人反過來問問自己是不是已經準備好「做」一個好對象。

也許有人會抗議：「沒有適婚對象，我哪知道要準備什麼？」我不會像你其他的朋友那樣哄著你：總有一天會遇到一個完全懂你、欣賞你的正妹，忘了那個瞎

了眼的女孩吧！或是在妳三十五歲的生日趴踢上亂開支票給妳：好男人像天上的星、海邊的沙一樣多，等我打個電話，馬上叫一打過來讓妳慢慢挑……。

其實在「空窗期」（或說「無固定伴侶過渡期」），值得讓你花時間預作準備的事情有很多（如果趕時間，請直接翻到第三單元）。我由衷希望阿宅們，除了每天晚上上社交網站、邊打線上遊戲邊找人哈啦，或在部落格上貼貼日記和照片之外，也能費點心思尋找通往幸福花園的路徑。

也許是苦無機會靠近那個吸引你的人，也可能是因為受過傷而催眠自己真愛已死，也有人相信謠言認為婚姻根本是個屁……，不管是什麼原因維持單身，如果你有還有點想婚的意願，千萬不要端出「一切隨緣」的說法（我超討厭這四個字的）。那是個會讓人與許多美好事物或幸運絕緣的魔咒；看似瀟灑、放得開，說

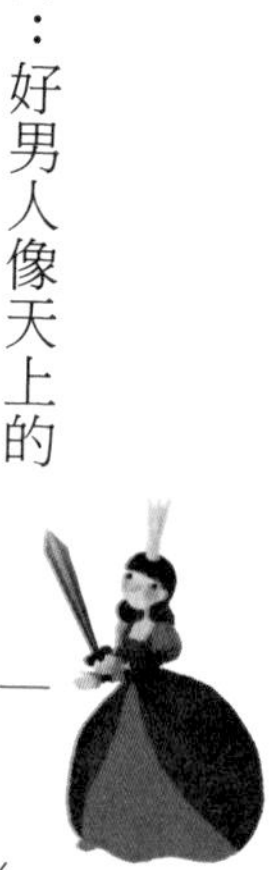

穿了有點逃避現實。

如果有錢人比一般人更有理財觀念，渴愛想婚的人當然也需要想要成功達陣的強烈決心。面對詭譎多變的情愛競技場，不能隨緣，更不能再繼續耍懶。

如果你是那種非常迷信一見鍾情和「被雷劈到的感覺」的人，一定要重新調整眼光、改變作戰策略，才能破除那個無敵可怕的邪惡咒語。愛情是個奧祕，它沒有公式，但絕對有突破現狀的方法。

想找個人愛或尋找生命伴侶既不可恥，也永不過時。因為沒有人能否定人性中對安全感和親密的渴望。經過五雷轟頂（或是萬箭穿心）式的激勵和全面系統更新之後，相信你會發現，原來，愛情也有「成功學」！

Contents

目錄

Part 3 婚不婚有關係

結婚並不老套，戀愛永不過時。想婚的你，絕不能再傻等……

Part 1 破除單身魔咒

別再當壁花和隱形人

不擅言詞不是罪過，但沒有人喜歡跟一個無趣、沉悶的人聊天，但也不見得話多就受歡迎……

一位女性朋友安妮告訴我，最近參加了一場很悶的聯誼。是她公司裡的一位財務部門女主管，號召了幾位部門裡的年輕女同事，與這位主管表弟公司裡的五位單身漢一起聚餐。安妮曾主動打探過軍情，五個人的學歷背景都還不賴，仍小姑獨處的女同事們一聽是上市公司工程師，個個喜上眉梢躍躍欲試，行前還費了不

少心思打扮，結果全都敗興而返。

「那頓飯吃得好累。當天的場子超冷，彼此都不熟，主辦人也不知如何帶動氣氛，男方多半都是學理工的，而且幾乎每個男生都只想找最漂亮、身材最好、笑得最甜的某一個女生聊，死纏著她要電話、伊媚兒和MSN，好像其他女生都不存在……」二十六歲的安妮氣呼呼罵著，感覺餘怨猶存。

「那些男的真的好無趣，反而是女生們比較大方。不太會找話題也就罷了，還盡問些不知教人該怎麼回答的問題。比方說：大家都住台北嗎？有交過男朋友嗎？有幾個兄弟姊妹？……連有人講到日劇、韓劇也完全接不上話。不到一個小時，我就找個理由先閃了。」安妮還補了一句：「而且啊，其中還有兩個男生禿頭……」

類似的狀況大家應該並不陌生。與網友見面，搞得不歡而散甚至落荒而逃的情況屢見不鮮。這些人想透過網路交友之外的管道認識異性，但參加聯誼時還是很容易碰壁，他們的品相都不差，但彼此見了面就像一堆溼掉的火柴盒和火柴棒，

怎麼也擦不出半點火花。問題到底出在哪？

話少話多都不好

為什麼會讓約會的對象覺得無趣？工作或興趣嗜好沒什麼交集似乎不是最大的問題，主要是因為雙方無法輕鬆愉快的聊天，對話進行不順暢，擠了半天仍找不到可以盡情聊開的話題。

別以為打扮成型男靚女就比較吃得開，那只是贏得好感的第一步。沒有人喜歡跟一個無趣、沉悶的人聊天，但也不見得話多就受歡迎，愛自誇和自我陶醉、讓人插不上話的人也很難有異性緣。所以，不一定要舌燦蓮花或多會搞笑才有吸引力，適度展現自己的特色、表情豐富有反應就會引起注意。

讓氣氛愉快是重要的

不擅言辭不是罪過，也不是話少內向者就該當王老五。不論你有多麼豐富的內涵和學識，至少，也該讓約會對象覺得和你談話愉快，大大方方地把想說的話表達清楚。（說話氣若游絲，或是咬字不清楚，會讓人覺得自信不足）

有經驗的人都知道，約會有沒有下一次？可不可能進一步發展？就看第一次見面的整體氣氛和溫度。所以，不管是不是主辦者，都應該盡量找一些可以讓大家一同參與又不敏感的話題。

誠意，是最基本的態度

有人很相信穿戴些奇奇怪怪的東西可以開運增桃花，真的倒不如多花點時間，加強自己的閒聊能力。

好吧！你說你其實非常有趣，不會找話題不表示沒有幽默感，只是女生太瞎不識貨，錯過跳過了拉倒。那你至少也要會跟話和回話，讓對方覺得你有誠意想聽她說話。

來不來電與火力狀態大有關係

我也暗示安妮，氣氛冷熱女方也有責任，或許不是對方無趣，只是有沒有火力全開。桃花旺的女孩都明白，男人不會對一張撲克臉示好，老是吐槽打槍也會令人倒彈。所以來不來電，和彼此的「火力狀態」有關；不冷不熱、不太敢表露真我個性的女生，通常沒什麼吸引力。但那些態度積極的女生，不管什麼話題都可以聊得津津有味（反正頂多也就忍耐兩、三個小時），不會搶著表現，也不會耍自閉，機會自然比人家多。

真有心想脫離單身的女人，絕不會讓自己當壁花，然後回家氣得跺腳，隔天還

讓大家想不起來昨晚聚餐到底有沒有這個人。

認識不少渴愛卻總是在收卡的「好人」，他們絕不乏善可陳，可是卻乏人問津，參加聯誼也老是敬陪末座，幫人氣旺的同性抬轎子。我發現他們有個共同點：常將力氣放錯地方、以為自己的異性緣不好是因為不夠帥或不夠辣、或是不夠「壞」，其實只是比較「缺乏個人特色」或需要經過包裝。

在後面的幾篇文章中我還會詳述許多引起異性注意的方法，不過你得先把心預備好，積極的態度絕對是個成功的開始！

酷妮可娃 限時批

美國兩性專家菲利浦·麥格羅有句名言：「如果連你自己都不想要和自己約會，還會有誰想？」

我總是鼓勵那些容易自怨自艾的人，不能老是無精打采、看起來慵慵懶懶，要讓人感覺到活力和自信。

自信不需要透過炫耀和別人的肯定，那是出於內在的自我認識，有自信的人可以在聚會中很安靜，也可以和大夥兒玩得很開心，絕不會讓自己當壁花或隱形人，因為自信會帶出對生命的熱情！

第一印象有多重要？

許多心理學與社會學家證明，「外表吸引力」的確是引起異性興趣和受人歡迎的重要關鍵，並真有所謂的「成見效應」。一些實驗證明，俊男美女被認為同時具有其他不錯的特質（如開朗、聰明、有才華……），在情場和職場上較佔優勢，甚至犯錯也比較容易被原諒……

史丹佛大學學者曾針對學齡前幼童做過一項有關「廣告對孩童影響力」的研究。該研究團隊，讓孩子們品嘗內容物完全相同的兩份餐點，其中一份完全使用麥當勞的包裝紙，另一份的包裝則毫無任何品牌標示。結果竟有百分之七十七的

幼童，認為有麥當勞包裝的薯條比較好吃；即使是紅蘿蔔與牛奶，大部分小朋友也認為還是有金黃色拱門標誌的比較美味。

約會意願取決於第一印象

這項研究使我想起另一個有關兩性吸引力的實驗。英國BBC電視台曾安排一位其貌不揚又禿頭的大學教授，穿著輕便服裝站在倫敦鬧區的某間服飾店櫥窗中，然後隨機訪問多位街上路過的女性，請她們猜測這位櫥窗裡的男子職業和他的月收入大概是多少，並且詢問受訪者與這位男士約會的意願。

結果這名大學教授所得到的第一眼印象評價極低。有人猜他應該是個「快遞小弟」，而受訪女性與之約會的意願高低（可選一到十），多數給了「零」，甚至還有人給了一個讓他心灰意冷的評分——負一。

接著節目單位邀請倫敦知名造型師，為這位賣相奇差的「叫獸」改造變裝，讓

他穿上亞曼尼襯衫與黑色西裝，戴上墨鏡之後重新站上櫥窗，再一次詢問女性路人的約會意願及估測他的月收入和職業……果然出現了截然不同的結果。這回有不少女性以為他是業務經理或房地產經紀人，約會意願也從負一爬升到了正五。

俊男美女佔盡優勢

也許有男人會說：「看！女人就是這麼『現實』。」其實無關男女，教授的案例只是說明大部分的人都極重視第一印象，也驗證魅力與外表吸引力密不可分。以前心裡總覺得不該「以貌取人」，更受不了媒體過度強調追求外在美，不過這幾年在許多研究文章中發現「外表吸引力」的確是引起異性興趣和受人歡迎的重要關鍵，並真有所謂的「成見效應」（先入為主和以偏概全）。一些實驗證明，俊男美女被認為同時具有其他不錯的特質（如開朗、聰明、有才華……），在情場和職場上較佔優勢，甚至犯錯也比較容易被原諒。

外表吸引力是綜合表現

還好專家們強調外表吸引力並非單指長相，還包含身材比例、髮質、髮型、儀態、服裝打扮……。正如BBC的吸引力實驗，即使其貌不揚，透過重新包裝、修飾，還是可以為自己予人的第一印象加分。如今我不再覺得一個人重視形象（包裝）有什麼不好（只要不要在行頭或整型上過度消費），雖說戀情要長久發展，須靠多方面能力和條件的配合，但對許多異性緣不佳的人來說，要能先吸引異性目光，引起興趣，才有可能進一步建立關係。

許多搭訕教主強調搭訕要以「量」取勝，建議曠男們只要主動多嘗試、不怕失敗，總會找到戀人。於是很多人拚命上網交友，沒事就約網友見面，或是一有機會就在捷運或公車上對女生說：我是不是在哪裡見過妳？……既不考慮自己的形象，也不學學該怎麼找話題，就算沒被當成色狼，也很難吸引異性。

女性的第一印象更重要。曾經有幾個從沒交過男朋友的女網友，向我吐露想談

戀愛的複雜心情，她們的年齡都已過三十，由於外表不是很搶眼，身材還略顯矮胖，素來都不是男生會注意的對象，拖到了這個年紀，發現要找到合適對象更不容易，問我該怎麼讓男人越過外表注意到她的內在美？如果過了三十幾我還告訴她：不用著急，一定會有個懂妳的人，不須刻意就會知道妳擁有豐富的內涵……那真的會害慘她。

有人說，男人即使拄著拐杖過馬路，也寧願冒著生命危險欣賞對街的女人。別忘了他們是視覺動物，妳能吸引他通常只有一個原因，就是妳正是他喜歡的類型。

想解除晚婚危機，第一步還是要先懂得「行銷自己」！不管男人女人，懂得麥當勞為什麼能抓住孩子們的心，應該就會懂得「第一印象」是打開幸福之門的第一把金鑰，如果能自然展現生命中的美好特質，你就是人群中最閃亮的一顆星！

酷妮可娃 限時批

「行銷自己」是單身想婚者不能不會的功課。前面提過積極和自信的重要，但只有這兩者還不夠，還要清楚自己的優勢和弱點在哪裡。

每個人都希望自己很特別、很與眾不同，但是我發覺大部分的人都還是很平凡，做的事、說的話甚至理想目標也都大同小異，這樣實在不易在人群中突出。

所以每當在演講中談到自我行銷，我總會要聽眾們想一想，如果要用一句話來形容，會怎麼介紹自己？建議你也好好準備一個令人驚豔的自我介紹，一定會有機會用得到！

女追男比較容易嗎？

女追男到底好或不好見仁見智，但是不是真的那麼容易？男人真的對於任何女生的追求都會來者不拒嗎？「倒追」二字或許有點嚇人，不過怎麼個追法，得稍微跟男追女有點區別，當然不是大剌剌地告白、直通通的猛約猛叩、明目張膽地示愛……

有個女性朋友，最近發現男友劈腿和別的女生打得火熱，可是卻選擇原諒男友並且既往不咎。她抱持的理由是：現在的女生都比較大膽，會主動追求男人，很少有男生抗拒得了，所以這件事不是她男友的錯，因為女追男比較好追！

其他麻吉聽了馬上憤憤不平地唸了她一頓。「難道男人劈腿或偷腥都是女人的錯？」、「這樣不就等於是說女人掌控了整個情慾世界？」、「那女生劈腿豈不是更有話說？因為男追女的機會更多，隨時都有誘惑。」

還有一位已婚的男網友，妻子是以前大學的學妹。他說當年是學妹倒追他的，婚後幸福美滿，所以他常鼓勵身邊的單身女要主動追求男生，認為這樣比較容易成功，因為女追男只是「隔層衫」，並強調很少有男生會拒絕女生。

男生對於任何女生的追求真的都來者不拒嗎？問了幾個不同年齡的男生，多數表示並非如此。

美女追男較容易

有人說：「這種說法真是太高估女人也太低估男人了吧！男人也是有自主權的。我不會想跟自己不喜歡的女生在一起，就算她主動來追我，也不想勉強自

己。」也有人說：「我不喜歡太主動的女生，是因為她給的不是我想要的，頂多只是玩玩。」

贊同女追男的則認為：「如果是被一個條件還不差的女生倒追，男生本身又不是主動積極的個性，儘管對方不是那種平常特別喜歡的類型，或許還是會試試看。」

有個男生講得一針見血：「美女追男比較容易！就和帥哥追女比較容易是一樣的道理。」顯然，女追男不是每一個case都會成功，男人也並非都來者不拒，甚至有不少人對太主動的女生感到害怕。只有一種情況會出現但書：女方的條件真的很不錯，但要被美女倒追的機率極低（通常都只是肖想）。

呆頭鵝喜歡女生主動

女追男到底好或不好見仁見智，但是不是真的那麼容易？女生們多數表示自己

不太可能倒追，只有少數幾個勇者說：如果有值得我主動的對象，為什麼不呢？

曾經嘗試失敗的A女說：「真的沒有比較容易。尤其是條件比較好的男生。」

B女補充：「他們認識女生的機會本來就很多，自己就很會追了，並不會喜歡太主動的女生。應該是呆頭鵝比較希望女生主動吧！」

主動並無傷尊嚴，但是要有點技巧。「倒追」二字或許有點嚇人，不過怎麼個追法，得稍微跟男追女有點區別，當然不是大剌剌地告白、直通通的猛約猛叩、明目張膽地示愛……就可以成功。

放電不算倒追

通常台灣女生就算對對方有好感，也不敢馬上表現得太明顯，會先按兵不動，等待（或說期待）男方主動示意，但若真是個「搶手貨」或「當紅炸子雞」，這樣子被動傻等，還天真想著「是妳的應該跑不掉」，恐怕還是要繼續冒著當香菇

女的風險。

感情只要是單方面的，好像都不太容易成功，一個巴掌拍不響，但妳可以適度放電、引起對方注意，畢竟許多男人還是喜歡享受追求獵物的過程，至少，兩造之間，也要互相有點「追逐」和交換電流的時間吧！

調情的功力，不是只有男人需要加強，女人也要磨練。就算是對愛情一向勇往直前，屢敗還是願意再戰的女生，也可以想想，若是不懂男人心，也不知該如何引起注意，不懂對方真正的感情需要和喜歡的是什麼，亂給、亂纏是沒有用的，反而容易嚇跑心儀的對象。

愛情除了勇敢，更需要智慧！太主動或太被動，都有調整空間，積極沒什麼不好，只是方法要正確。但願有越來越多的台灣男生可以讓女生說：如果對方真的還不錯，有什麼不可以呢？

酷妮可娃 限時批

我完全贊成女可以追男，這年頭好男人本來就不多，優質男免不了搶手，這時候還要什麼矜持、擺什麼架子？

秀出自己、主動出擊吧！

想婚不能傻等，出手太慢，就只好繼續在家當干物啦！

不要相信一見鍾情

老是喜歡或愛上其實根本不適合自己的對象，多少和迷信一見鍾情有關。大部分的人對第一眼就很討厭的人通常不想再繼續來往，所以不錯的第一印象幫助我們先引起異性的注意和建立關係，但相處互動是長期抗戰，不能單靠外貌和基本形象，就算一開始就有被雷劈到、心臟快要跳出來的感覺，也不要太快論定對方就是你的真命天子……

瑋琪和前男友交往不到兩個月，便發覺跟原本的想像和期待差很多，但當時被感覺沖昏頭，明知雙方條件相差懸殊，個性也不投合，甚至說不清楚自己到底喜歡對方什麼，兩人還是莫名其妙在一起，相處過程發生許多摩擦，話不投機的情

況也無法改善，是一段不太愉悅的戀情。瑋琪終於看清一切原本就該清楚的真相，是一開始的錯覺造成了誤判。

過去瑋琪都是憑直覺和來不來電，決定要不要和這個人交往，完全不考慮其他因素。現在冷靜多了，會觀察彼此興趣到底是不是相近、生活有沒有交集、話題能不能一直繼續，還有最重要的，會仔細看看他到底是不是真的體貼人。她再也不想跟一個一開始時便知道兩人差距很大，卻拚命偽裝自己的陌生人勉強交往。

男人比女人更迷信第一眼

很多人都跟我說，第一眼的感覺很重要，熟男熟女們總是自信滿滿地說，只要第一眼就可以判斷對方是不是自己喜歡的菜，如果第一眼就不怎麼順眼，之後也很難再擦出什麼火花來。

曾經吃過「看走眼」的虧的女生說法比較保留，第一眼沒煞到，還是可能給對

方第二次機會。

但我問了很多男人，每個都說：來不來電第一眼就知道，遇上喜歡的就會猛追。至於來不來電，「外型」是決定關鍵（「外型」是「身材」的另一種說法）。

一個人「老是喜歡或愛上其實根本不適合自己的對象」多少和迷信一見鍾情有關。很多女人一遇到新戀情就什麼也聽不見，不但不顧姊妹淘的拉勸，還會為對方古怪的特質和討人厭的習慣找盡各種藉口，等交往的熱戀蜜月期一過，才發現彼此的個性習慣根本南轅北轍，自己也受盡了折磨。

萬一已經同居，還得接受一連串噩夢般的事實，要不一見面就吵，要不就是兩個人完全沒話說，事後才不斷嚷著自己當初怎會那麼瞎！？

真命天子（女）就是你？萬萬不可太快下定論

在前面的文章中，我強調過「第一印象」的重要，也許你會覺得有點前後矛盾，一下要大家要在第一時間抓住對方目光建立好印象，現在又說不能太迷信第一眼的感覺，那……到底要在乎什麼？難道要勉強自己跟不喜歡的類型交往？

這樣說吧，大部分的人對第一眼就很討厭的人通常不想再繼續來往，所以不錯的第一印象幫助我們先引起異性的注意和建立關係，但相處互動是長期抗戰，不能單靠外貌和基本形象，所以我會建議你，就算跟一個人剛開始不是很來電，還是不要太早判對方死刑；同樣的，就算一開始就有被雷劈到、心臟快要跳出來的感覺，也不要太快論定對方就是你的真命天子（女）。

想讓異性一見鍾情不難（有些人還真的就是天生就有勾魂桃花眼），但是真要讓對方越看越有趣、越看越有味道卻不容易，畢竟性吸引力所產生的激情無法長久維持。很多女生認為自己交不到男朋友是因為外型比較吃虧或是不夠性感，一邊大罵男人膚淺只愛正妹，一邊又問我該怎麼讓男人注意到內在美？

「靜態吸引力」常會誤導人選錯對象

關於這一點，雖然男人比女人更容易受到第一眼的影響，但他們也強調，覺得一個女孩美不美，其實並不全然是從外表或身材來定義，不過他們發現那些外型條件沒那麼好的女孩，通常少了一份「自信」。

自信是指對自己的評價，能否展現自己的特色。比較沒有「自信」的人，通常臉上的笑容比較少或是講話音量比較小，給人的感覺不夠大方。

所以要提醒曠男怨女們，找不到阿娜答，內在因素往往更甚於外在，人格特質和個性才是關鍵。

吸引力有兩種，一種是「靜態吸引力」，一種是「動態吸引力」。「靜態吸引力」也就是還沒正式談話前，外型給人的第一印象可以為我們製造好感，卻只能在初識期發揮作用，關係進入發展階段，還是要靠「動態吸引力」，也就是溝通表達的互動能力。如果沒有前者，至少後者還可以努力加強，但如果兩者都很

弱，想要有異性緣就比較難啦！

也許第一次見面或剛開始交往時，彼此的通電效應並沒有那麼強，但到了一定年紀，你會發現瘋狗浪式的激情雖然狂野過癮，但來得快去得急，涓涓細流式的情感，才能滿足妳真正愛的渴望。

「靜態吸引力」常會誤導人選錯對象，如果你不想錯過那個願意陪你到老且完全接納、欣賞你優缺點的人，切記，不要再相信一見鍾情！

酷妮可娃 限時批

我向來不相信一見鍾情，因為不管是美型男或六塊肌猛男站在我身邊，我的心跳都會加速，雙頰會發熱，呼吸會困難，但是看到好吃的提拉米蘇和鼎泰豐的小籠包也會，所以這些反應不能代表什麼。

我要的是一種穩如泰山的依靠，能讓我感到輕鬆、自在和安然，一見鍾情往往只能將人帶上雲端，降落後才發現一切並不真實。

女人，別再裝肖維

有這麼多的壞男人是因為有太多的傻女人……不拒絕、不主動、不表態、不承諾，自然也就不需要負責。只要有一方抱持這種想法，或是有一方很會自我催眠，這個「看誰先發瘋」的曖昧雙人遊戲就可以繼續玩下去……

常有人問我，遇上一個喜歡搞曖昧的對象該怎麼辦？身邊一堆為情所困的單身女性全是被曖昧關係搞得不成人形。這不禁令我提出一個大膽的假設，在這個城市裡，正在搞曖昧、關係昏昧不明的男女，或許和真正戀愛中的男女一樣多。

沒錯！朦朧是種美，不確定的狀態，卻也為許多人帶來苦楚。剛開始覺得有趣，久而久之「拉鋸」和「忽遠忽近」變得不那麼好玩，反成了一種折磨。

為什麼有這麼多曖昧的狀況？有以下幾種可能：

擔心被拒絕的難堪

很多時候沒把話說開、說白，是因為怕太主動會被拒絕，或是想再觀望一陣子。這種曖昧的動機較單純，只是想知道自己在對方心中的份量或確認自己是不是真的那麼喜歡他（她）。想找個認真交往的對象，在不確定對方是否對自己有好感的謹慎態度下，適度有一些互動上的試探和考量，無可厚非。

希望當朋友的時間能拉長

這種理由比較冠冕堂皇。有些人因為過去的感情經驗而變得比較謹慎，知道自己太衝動可能會誤事，或有些其他因素造成不想太快定下來，也不想給彼此太多壓力。

真想拉長雙方當朋友的時間，可以自己訂個時間（比方三個月或半年），看看對方是否能在期限內明確表態。

想享受愛的感覺又不想負責

有一種比朋友關係更複雜、更親密的曖昧，心態比較可議，像張空頭支票，更像顆毒蘋果，啃上一口，可能後患無窮，耗上另一方好幾年青春。

有著「想玩又不想負責」心態的人越來越普遍，男女皆有，可能單身也可能有伴。不過發球和挑起曖昧者，通常還是男性居多，女人一旦投入，會急著想確認定位和角色，很容易就會被曖昧搞得泥足深陷，進退維谷。

不願意也沒勇氣面對事實的真相

除此之外，曖昧也常是出於某一方的自欺欺人。很多女人願意配合對方玩「猜心」的遊戲，是因為不敢面對現實，假裝一切都很美好、都如自己所想（他是愛我的，只是因為……所以……）。簡單說，就是沒有勇氣面對事實與想像相違的真實情況。

「雖然總被愛傷害，也都知道事情的真相是什麼，卻還是很容易用一些假象說服自己，事情總有一天會改變。」被一段和男同事之間的曖昧折騰了快三年的朋友莎莎說。

明知對方有女友，卻能熬這麼多年，除了因一開始男方不斷釋出「和女友不會太長久」的訊息，還同時常約吃飯、逛街、看電影，每天電話、MSN聊不完。「可是我們的話題，從來沒有談過他跟他女朋友的事。」她說。為了怕自己越陷越深，莎莎還把工作辭掉，在外流浪了一個月，也表明了不想和他只是好朋

友，若對方沒有辦法給承諾就不要再出現。沒想到回台北之後，男人在MSN上的幾句溫柔關心，又讓莎莎破了功，繼續自欺欺人。「好幾次試著封鎖他的MSN，也不想再理他，但還是會很想念跟他講話的感覺。」

最後莎莎是因為從朋友那得知，那男人已向原女友求婚，她才終於大夢初醒選擇放下，不過男方還是三不五時來「挑逗」和噓寒問暖，甚至問她為什麼口氣變得很冷淡？搞得莎莎快要發瘋，又難以完全放手……。

想掌握互動主導權

不單是劈腿男愛用「曖昧」的餌釣魚，不少已婚男也樂好此道。當男人有「只有我可以打給妳，妳不可以打給我。」的想法時，也就是希望聯絡的方式、時間，都由他來決定。為了要滿足這種霸道自私的行為，最好的方式也就是「不表態」，這樣女方就不能以女友或「外婆」的角色來要求對方或主動出擊，甚至談

話內容要鹹濕還是清淡，也可以因為關係曖昧而自由彈性伸縮。

有人說，有這麼多的壞男人，是因為有太多的傻女人。（同理，有這麼多壞女人，也是因為有太多大頭管不了小頭的豬頭！）也有人說，誰掌握了互動模式中的主導權，誰就是贏家。（一定要把愛情搞得這麼複雜嗎？）

如果彼此之間真有信任和安全感，或許就不需要這麼多的試探和主導權的爭戰了。不論出於哪一種心態，除了很少數的玩咖對此樂在其中，喜歡感情清清楚楚、坦蕩磊落者或比較受不了朦朧時間太長的人，都很難承受曖昧過程中的身心煎熬。

很多人都知道，不拒絕、不主動、不表態、不承諾，自然也就不需要負責。只要有一方抱持這種想法，或是有一方很會自我催眠，這個「看誰先發瘋」的曖昧雙人遊戲就可以繼續玩下去。

遇上個愛搞曖昧的對象嗎？問問自己，到底這段關係的主導權在誰手裡？他的心態正確嗎？逃避問題和真相的到底是誰？這個遊戲可以玩到現在，是因為對方喜歡裝傻，還是因為自己總是在裝肖維？

酷妮可娃 限時批

有句話說：男人傻被女人甩，女人傻被男人耍。以前我也曾經傻過，也曾有過幾次「友達以上，戀人未滿」的經驗，現在回想起來，真的就只有「被耍」和「覺得自己裝肖維」兩種感覺，我不會想去罵那些人浪費我的青春，只會怪自己當年太白目了！

如果妳也在進退維谷的焦灼狀態中不斷欺騙自己：「不清楚的關係也是一種愛情。」那真的是該醒醒了。

壞男人能生存，是因為有太多女人喜歡「莊肖維」，如果因為怕寂寞才選擇退而求其次，退到最後只能故作堅強，那就實在太委屈自己了。

公開承認可以當作愛的告白嗎？

姐妹們在意交往對象是否願意把自己帶入交遊私領域，甚至包括家庭聚會。即使冒著被對方親友品頭論足和道長說短的危險，也依然堅信關係要穩定，非得先見過幾個重要角色（家人和死黨），才會覺得心安踏實。不過，男人之間是「彼此牽制，又互相掩護」的，連媽媽都會罩兒子幫忙瞞天過海，更遑論是哥兒們？

連續一、兩週，已經有好幾位女性友人告訴我，讓她下定決心和某人認真交往的關鍵都是因為對方——「會介紹我跟他的朋友認識」。

「那讓我感覺很好，覺得被重視。」二十七歲的怡潔說。

好像只要有好感的對象，願意讓女方進入他的社交圈，即算表達最高的交往誠意，是最貼心的愛的告白，即使雙方從沒有把話明說也無所謂。若是正好此君平時又很關心她的感受和心情，他的排名等級，馬上可從普卡晉升到白金級，並享有其他普卡所沒有的福利和優惠（注意！必須是女方有好感的對象，這個升級方案才適用）。

女人其實很在乎名份

顯然「公開承認」，是許多女生考驗男友候選人是否「有心」的重要評估依據。與其空有DUET、寶馬卻見不得光只能「地下化」，寧可還是要個「正牌女友」的名份，好歹也要被他的哥兒們叫個「大嫂」。名正才能言順，若只是當個「點心」，對方手機不接、來去無影、若即若離，妳能要求什麼？

姐妹們在意交往對象是否願意把自己帶入交遊私領域，甚至包括家庭聚會。即

使冒著被對方親友品頭論足和道長說短的危險，也依然堅信關係要穩定，非得先見過幾個重要角色（家人和死黨），才會覺得心安踏實。

「難道我有那麼見不得人嗎？」碧珊梨花帶淚地向我哭訴，和男友相戀三年分手，只因他始終沒有帶她出席過任何社交活動，她也沒有見過他的任何親友。

當然也有人堅持除非真有必要，不然死也不想和對方的親友打交道。但現在開船公司的劈腿男實在太多，不論女孩或熟女，都覺得那些行蹤神祕和不喜歡女友黏乎乎又「愛跟路」的，很可能暗中搞鬼。

男人會互相掩護

但是這些女孩或熟女可能不知道「帶去見重要朋友」，並不表示妳就是他的最愛或現階段的唯一。哥兒們之間都有默契，好友更會互相「照應」，他會帶妳去見的友人，絕不是會不識相地扯他後腿，或是會被妳套出他有很多秘密的人。

他們知道許多女人都吃這套，走出兩人世界的範圍，就覺得對方是認真的、兩人關係將因此更跨進一層，又喜歡拿自己的魅力和戰績來說嘴，所以男人之間是「彼此牽制，又互相掩護」的，連媽媽都會罩兒子幫忙瞞天過海，更遑論是哥兒們？

果不出所料（可不是我唱衰的），怡潔這幾天輾轉得知，那個帶她到處見朋友的男人，會帶每個喜歡的女人去見他的哥兒們……，哭哭啼啼地說她被騙了。

表態方式男女大不同

還有一種情況，並非出於男人的心機，而是女方太自作多情，自己想太多。

正芬當初因為新來的男同事單獨邀她一起參加朋友的私人聚會，而感到受寵若驚，深深相信那是個「明示」性的告白。在那次聚會之後，她完全陷入那段「自以為是」的關係之中，結果苦等了多年，什麼也沒發生，對方依然繼續跟原來的女友在一起，而且最近已經準備要結婚了。

或許有些害羞、拙於言辭的男人，會以某些「行動」來證明真情，但是「有沒有帶去見朋友」不能當作是否該全心投入的依據。

關於被帶去見「重要人物」，男女有不同的心態和想法，女性們會帶去見姊妹淘的男人，通常已交往到「某種程度」，只待好友們點頭確認，或至少已通過初審階段。但對男性來說，帶去見哥兒們，真的不代表什麼，也不算什麼「無言的告白」或不會變心的承諾；更別以為和他的死黨們打好關係就能搞定了一切，這樣想就真的太天真！

建立安全感和信任是多方面的，別再催眠自己他有多愛妳，或太相信自己的耳朵。雖說愛情常常沒什麼道理，也很容易使人半瞎，很多話該講清楚的還是要講。日久見人心，待時機成熟，應該看他敢不敢、願不願意去見妳的家人和那群可怕的姊妹。如果能在一群老女人的透視眼和毒舌前不亢不卑，抬頭挺胸，又能全身而退，才能算他「夠誠意」。別只因為對方邀請妳和他的朋友一起唱個歌吃個宵夜，就是對妳愛的「正字保證」，而樂得飛上天啦！

酷妮可娃 限時批

不少朋友都遇過「媽媽幫忙罩兒子」的狀況，而且根據我的觀察，目前劈腿族走「團體作戰」的趨勢越來越明顯，也就是說男人之間更有互相包庇的默契啦！難怪現在婚前徵信的生意也越來越熱門。

真要了解一個人、不想被匡，還是要睜大眼睛、多管齊下。

公主病與大頭症

如果女人不想被物化，就別老是巴望出入要有名車接送，天熱有人擦汗、天雨有人撐傘的虛浮生活……男人想扼止公主意識的擴散，就該調整自己的口味，別老哈那些看起來一派天真清純、小鳥依人、嗲聲嗲氣、嬌縱任性的公主型女生……

無意間看到偽基百科裡一段對「公主症候群」（Princess Syndrome）所作的描述：「這種女性多數在家裡都被細心疼愛，以為全天下男人都會像家人一樣疼愛自己；或自幼被少女漫畫、言情小說等重度污染而導致腦殘。據調查發現，性喜

盛裝並自我感覺良好的恐龍，是公主病患中最大宗。她們沒有人生目標，認為人生應由男人負責。」

網友所下的定義我不太認同。沒什麼人生目標，應該不算公主病，而是月光族或草莓族的普遍病癥；性喜盛裝並自我感覺良好的恐龍，只是比較活在自己的世界，是一種社會化適應能力不足，也不該稱之為公主病患者。

在過去，公主指的是含著金湯匙出生的某種特殊階級，現在已沒有所謂的「真公主」，只有因父母過度保護、寵愛，長期養尊處優，而變得極度自我的「公主意識」。

我想，令許多男生嗤之以鼻、敬謝不敏的，應該是那些明明不是公主卻充滿「公主意識」的女性。弔詭的是，如果這個女生真有幾分姿色，男性對她的「公主意識」似乎也就不那麼在意。

公主不是人人能當

簡單說，如果這個女生確實有她「嬌貴」的本錢，男人會覺得和她交往與有榮焉，甚至將她的大小姐習氣視為滿足自己虛榮心的一個優勢，再怎麼嬌縱任性也甘之如飴。反之，如果既不是名門富賈的千金，又沒有天使臉孔和魔鬼身材，卻整天做著白日夢，等著騎士來拯救和有人心甘情願做牛做馬，則會被許多男人當成笑話，嘲為「自我感覺良好的恐龍」。

想當公主沒什麼不對，因為許多男人也都想當國王。我個人所定義的「公主症候群」有兩個重點，一是「自我優越感過強」，一是「想法過於夢幻」。優越感過強，會把男人當僕役，而太過夢幻則是現實與想像不分、浪漫故事看太多，一旦認不清現實，這個病就嚴重了，會認為許多事情都理所當然該順著自己的意思、所有的人都該以自己為中心。

如果女人不想被物化，就別老是巴望出入要有名車接送，天熱有人擦汗、天雨

有人撐傘的虛浮生活。

把不到公主說公主有病

男人受不了自我感覺過度良好的公主，還有一種情況是出於酸葡萄心理——因為把不到公主，就譏嘲公主有病，也許是被公主發卡發多了所產生的反動（就像有些人氣不過女友琵琶別抱，就把對方的裸照和兩人的親密自拍ＰＯ上網）。

男人想扼止公主意識的擴散，就該調整自己的口味，別老哈那些看起來一派天真清純、小鳥依人、嗲聲嗲氣、嬌縱任性的公主型女生。偏偏這一型的女生深受老男人和隨扈型男人喜愛，也總有人以娶個公主型的嬌妻為傲為榮。

公主和大頭是死對頭

有公主病，自然也有王子病，這個病還另有一個名稱：「大頭症」。主要在帥哥型男族群發作，最近有不少女性好友深受其害，嚷著「華麗的帥哥中看不中用，不能安慰女人的心」，已陸續展開抵制行動。

大頭症的主要特徵就是「跩」，視大部分女人為可有可無的玩物，甚至當作「會鬧情緒的充氣娃娃」。對女生從不主動，也絕不會跟女人睡到隔天一起吃早餐；和女人上床，會認為是自己吃虧，就算給過一點暗示，也會堅稱是對方倒追；和女生約會，會視為是賞給對方的寵幸；遲到不會道歉，收到簡訊也不會馬回……

大頭令許多異性反感，卻也和公主一樣，只要有他的真本事，一樣還是有他的「市場」，只不過在公主的城堡裡容不下大頭，大頭更不願意花時間、力氣去伺候難搞的公主。

無怪乎要幫單身的人湊對這麼難！在夢幻公主和自戀大頭充斥的世界，好男好女們想找個平起平坐、相互尊重的伴侶得更有耐心一點啊！

酷妮可娃　限時批

童話故事中的「王子和公主從此過著幸福快樂的生活」，從來都不是真的。以前聽到的都說是因為柴米油鹽會來搞破壞，現在更覺得王子公主要和平相處更難了，大家都是「自我感覺良好」寶貝，究竟誰該忍讓誰？

以前我也覺得當單身「貴族」很棒，一個人自由自在、無拘無束，但是在兩人世界裡我得到的更多。

只要找對了人，妳就是公主，家就是妳的城堡。但是別忘了，離開城堡，妳就只是這地球上的一份子。

如何讓女人心花怒放

談戀愛不一定要很高調，或老是大放煙火、大張旗鼓，偶爾來點小火花就可以了。貼心和窩心的感覺，常是出現在一些很小的細節上……

有一次在友人的餐會裡，與日本超人氣美妝品牌台灣區行銷經理閒聊了一會兒，他提到這幾年的台灣雖然百業蕭條，該公司業績的年成長率卻是不降反昇。分析原因，他倒不認為首該歸功於電視媒體和平面媒體，對美容保養產品的強力

鼓譟。

「不景氣，工作沒那麼忙，女人反而多了些時間可以打扮和保養自己。花點心思打扮，也是為了走更長遠的路，為自己加強競爭力，製造更多機會。」他說。所以男人別再一直怪女人愛亂花錢、用高成本做女人，你得去洞察她們花錢背後的動機和那些東西的附加價值。

想更了解女人的男士們，建議有機會不妨嘗試當一陣子女性產品的銷售員，就算只是賣賣保養品或女裝、女鞋也會大有所獲。多跟髮藝師造型設計師聊聊也不錯；他們的工作趣事和生意經，會讓你對女人的看法有所轉變，不會再認為只有自己身邊的那一位特別番，特別難搞。

那些生意好的美髮沙龍，設計師們除了手藝好，個個都很會跟客人聊天，幾家美髮造型連鎖店，公司都會安排這方面的教育訓練課程。問他們老師都教些什麼？

「不同的地區，聊的話題和重點都不同。大安區或是信義區，設計師們最好能

懂點投資理財，所以也會請投顧老師來講些股票或基金方面的東西。比較社區性的地點，話題自然比較輕鬆和生活化，八卦新聞最好多知道一些。」「反正呢，遇到不熟悉的話題，專心聽客人講就可以了。」一位留著山羊鬍的設計師說。

百貨公司內衣專櫃的超級銷售員則告訴我，「女人的錢也不是都那麼好賺的，要正好搔到癢處、講對話才行。得在短短幾分鐘內就讓她『心花怒放』，她才會甘心樂意掏出錢來。」

這讓我想起許多男人共同的困擾：「常不知該怎麼跟女人說話。」男人不明白，為什麼同樣的一句話，只是換個時間地點，竟會出現截然不同的結果，也不是對每個女人都管用。雖然男人大都知道女人耳根子軟、愛聽好聽話、愛被寵、被哄，話少的男人也知道要多聆聽，卻很少人知道該怎麼「在短短幾分鐘內」讓女人「心花怒放」。

在此貢獻三帖加溫妙藥，如果你真的比較內向、不擅言辭，女人常說你像木

頭、和你談戀愛味如嚼蠟，可以試用看看效果如何，不過適用範圍僅限於戀人之間或仍在曖昧階段、互有好感之男女。

一、聽她說話要全神貫注

聊天可以輕鬆、愉快，但是你的目光不能因為放鬆而亂瞟，反應也不宜只是啊伊嗚ㄟㄛ。一定要讓女生覺得你「真的有在聽」。雖然她滔滔不絕講得口沫橫飛，可是同時也在觀察你是否認真在聽。就算前一天熬夜加班，白天又被老闆罵得一肚子大便，也絕對不可以在約會時邊打呵欠，邊翻手邊的汽車雜誌。如果兩個人都不太想說話，約會時也不宜東張西望，最好讓她有靜靜被陪伴的感覺。

就像超級業務員說的：「通常女人不會跟一邊向自己介紹產品，同時又和身旁女同事打情罵俏的男銷售員買東西，更不會對一個老是心不在焉，且反應遲鈍的業務員有好感。若只會耍點嘴皮，讚美之詞客套而表面，生意也做不成。」

所以說，約會時你心思的專注與否非常重要。

二、在非特定節日送她貼心小禮物

談戀愛不一定要很高調，或老是大放煙火、大張旗鼓，偶爾來點小火花就可以了。貼心和窩心的感覺，經常是出現在一些很小的細節上。與其在情人節、聖誕節絞盡腦汁買了個貴得半死卻不痛不癢、誰送都可以的老套禮物，何不在平時就觀察她的需要和喜好，隨手幫她帶點好吃或好玩的小東西？

沒有女生不喜歡收到小卡片、小禮物，只要不要送到不合她品味或口味的東西，奉上後再佐配一些感性的真心話（言語或簡訊可交叉使用）……管他大女人、小女生，此招老少咸宜。

三、注意風向球

要逗女生開心並不難，但是你得先懂得解讀她表情和非語言的肢體動作密碼。我指的「密碼」可不是性暗示，不信去問問那些二十一世紀的情聖，多數都不是因為舌燦蓮花而大受女人歡迎。

大部分的男性在「察言觀色」這個部分最弱，也就是敏感度不夠，想講什麼就講什麼，以為只要讚美和胡言亂語，或是講點笑話就一定奏效。其實不然，還是要多觀察她的心情狀態，再稍微配合轉換一下自己的情緒。如果當時她很down，可是你很high，或是反過來的情況，話題都很難有交集。

簡單說，就是她需要你多一點的同理心和認同感啦！就算當天的心情不想討好她，至少也不要在她沮喪時還來吐槽。

男人學起來了嗎？不要喊累，怕累和怕麻煩的男人是不可能讓女人心花怒放的。因為女人本身就是個麻煩的動物嘛！這個動物的特性之一，就是「翻臉像翻書」，好的時候是天使、是女神，壞的時候像番婆，像吃壞肚子的母老虎……

不能說女人難伺候，男人愛女人不就是愛她的不按牌理和「讓生活更刺激」？只要你愛她，一定很樂意逗她開心，也一定會發現對她好的無窮妙處。忍耐一下，別打呵欠、別抱怨、別亂講話……她會用更多的愛和付出來回報你！

酷妮可娃 限時批

情調是愛情裡不可或缺的養料。戀人無時無刻不在期待你的出其不意和突發奇想所帶來的驚喜，禮物和專心聆聽會使女人感到被愛和重視。

但光是體貼溫柔還不夠，如果你真想得到女人的愛，一定要先得到她的欣賞或崇拜，不然送再多禮物、獻再多殷勤，也還是打不動她的心。

小心舊情人

好馬不吃回頭草，既然分手了就要有點魄力，老是留戀「過去式」的人很沒骨氣。想保持友誼沒問題，但是心中要隨時有個O.S.，提醒自己你們的關係已經改變。既然我們不希望所愛和舊情人過從甚密，自己也不該仗著曾經愛過而打擾到對方的生活……

雖然很多人都知道，手機裡的曖昧簡訊要隨時清空，還是有不少白目男因為捨不得刪掉女人寫來的情書，而讓女友發現和其他女生暗通款曲。

有一天，小艾在交往一年多的男友手機裡，發現一封奇怪的簡訊，寫著：「能不能對著我說愛我，能不能陪著我到最後……」小艾心想，這是哪來的狐狸精？馬上回打那個號碼表明身分，還嗆了對方幾句，孰料男友知情後反而找她興師問罪，拉扯之間竟將小艾推倒在地。

搞了半天，原來這個令男友如此激動的對象是他的前女友。傷心欲絕的小艾表明如果他還愛著對方，她願意退出，事後男友保證絕對會與前女友「斷乾淨」，極力道歉挽留。但依簡訊的內容，她看得出那個女生其實不想放手，三角關係恐怕還要牽拖拉扯一段時日。究竟該走或留？掙扎了好幾天還是拿不定主意。

「怎麼辦？在男友面前哭哭啼啼會覺得自己很沒用，想裝得若無其事又覺得烏雲密佈，一想到他們的關係就覺得累。」小艾說。

另一個三十八歲從來沒有談過正式戀愛，原本已打算不婚的友人也遇到類似狀況。好不容易與一位同年齡且從事同領域工作的男性朋友一拍即合，這位戀愛初級生馬上便面臨一個極大的考驗，就是他有一個尚未徹底分手的前任女友，雖然他一再向她承諾最愛的人是她，也都會將前女友不定期的騷擾據實以告，還是讓

人忍不住為她捏一把冷汗。

不當情人還是朋友？

除了這種戀人和前任牽扯不清、拖泥帶水的例子，最近常聽到的狀況，是一些網友和他們的前任分手之後，依然會找對方談心、聊一些極私密的事。

蓓蓓幾個月前才剛被前男友甩掉心情還沒平復，上個月的一個週末，接到他的電話立刻眉開眼笑，一廂情願地以為對方是來談復合的；結果人家只是打來吐訴和新女友交往不順的苦，但蓓蓓還很配合地跟對方聊了快一個小時。

「我媽和我姊在旁邊聽了都快受不了！只能說，大概是我上輩子欠他的。」現在每隔一段時間，蓓蓓就會接到前任男友打來的求救電話。

凱琪也說自己的前男友雖然已有新女友，還是動不動就會在MSN上叩她聊大大小小的事，跟分手前沒什麼兩樣，習慣徵詢她有關工作和家庭問題的意見，連

父母生日要送什麼禮物也還是要問她。

當初是這個男生負了凱琪，問她為什麼還願意陪他聊，她說也不需要刻意封鎖，反正對他已經沒感覺，隨便敷衍個幾句也沒差。

好馬不吃回頭草，分手了就要有點魄力

其實戀人當不成，像朋友一樣聊聊也沒什麼，買賣不成仁義在，確實沒必要搞得老死不相往來。但我比較在意的是「聊什麼？」，還有「怎麼聊？」也就是界線的拿捏。界線不明，很容易就會變成藕斷絲連，容易衍生出許多不必要的麻煩，也可能造成某一方的困擾，應該沒有人希望自己的愛人還跟前任或歷任糾纏不清。

想保持友誼沒問題，但是心中要隨時有個O.S.，提醒自己你們的關係已經改變，哈啦時話題和對話方式要調整一下，不能再像過去那樣撒嬌和親暱。如果原

本很融入彼此的交遊圈，可能要選擇暫時消失在共同朋友的聚會中，免得大家以為你們還在一起。

有人說，感情靠理性可以把持得住，但身體對前任的思念卻很難控制，所以一不小心又和前任上了床……許多人覺得空窗期間「回收」前男友、前女友當床伴似乎很自然，我還是認為好馬不吃回頭草，既然分手了就要有點魄力，老是留戀「過去式」的人很沒骨氣。

速速遠避剪不斷理還亂的高危險群

你說你可以做到界線清楚，但是很難知道喜歡的對象和舊愛之間是否壁壘分明。我只能說，一個巴掌拍不響，最重要的還是他的態度。

有三種人我認為是容易和舊情剪不斷理還亂的高危險群。一是優柔寡斷型，這種人常跟戀人分分合合很多次，反反覆覆搞不清楚自己要什麼，如果在這個時候

進入他的世界，你的生活也會跟著一團亂。

一種是過於念舊型，除了習慣將和過去戀人的合照及信件小心翼翼收藏，還會不時確認自己在舊情人心中的份量和位置。為了想聽見對方說自己「不管跟誰交往都還是會想到他」，或怕人家忘了他，仍會三不五時找機會問候老情人。

還有一種比較麻煩，是英雄主義或母愛型，只要舊愛一來ㄋㄞ，暗示沒有他就生活癱瘓變腦殘，馬上就會激發他的同情和憐愛，忍不住又跳出來繼續扮演被需要的角色，然後告訴自己伸出援手是出於友誼，關係不知不覺又回到從前。

一向主張好聚好散和分手不出惡言的我，和過去交往過的對象也偶爾還是會聯絡，不過彼此都很清楚分際和界線，當然這也和分手時有沒有處理好有關。

將心比心，既然我們不希望所愛和舊情人過從甚密，自己也不該仗著曾經愛過而打擾到對方的生活。

如果你總是拿捏不好距離，分手後還是先斷絕聯絡一段時間吧，想要免除後患，有時必須把心一橫，對自己或是對對方狠一點！

酷妮可娃 限時批

幾天前，六十歲的老媽參加高中同學女兒的婚禮，同學硬拉著她坐在一個男人旁邊，一聽到他的名字，老媽一陣暈眩，原來是她學生時代的初戀情人。即使對方當年的高大英挺已不復辨認，但母親的心中依然起了點漣漪（想必那頓飯吃得頗為辛苦）。知情的老同學們起鬨慫恿兩人一起拍張合照，怎知那男人馬上喊著：「不行、不行，這樣回去要鬧革命的。」

想必老媽心中多少有點失望。相對於毫無禁忌、貞操觀念薄弱的年輕世代，他們那一代的情感表達真是含蓄、自制多了。

分手要快樂

很多時候，分手的原因是很模糊的，不管怎麼追問，對方都只是用「我們不合適」的說法搪塞，果真如此也無須再追究。沒有人可以回答你，「為什麼當初愛得那麼堅決，現在說變就變」……執著就像個綁在腿上的鉛球，會讓人無法前進，也無心留意身邊的風景。但天總是會黑，人總要離別，該放手時就該放手……

和一個人戀愛，可能在一瞬間發生；但要跟一個人分手，卻不像剁肉切菜那麼簡單。面對「情變」，你有很多種選擇。可以呼天搶地死不放手，也可以瀟灑揮揮衣袖，不帶走一片雲彩。有人大哭三天又是一條好漢，有人在痛徹心扉之後從

此遊戲人間；有人必須馬上找個墊背的人來陪，有人事隔多年依然覺得舊愛最美……。

每次看到那些還在掙扎的苦主，聽他們述說著類似的糾結和傷痛，總會讓我想到三個字——「斷腸人」。

「斷腸人」最大的共同點是：言行不一，也就是嘴上不斷說著自己已經沒事、已經走出傷痛，行為卻恰恰相反，而且一旦被戳破會反覆以同一句話來掩飾：「沒辦法，忘記他（她）我做不到！」

我不會笑斷腸人癡或傻，也知道對許多不習慣也不想選擇速食愛情的人來說，要他離開（放棄）所愛比切腹還難，尤其是受情勢所逼、想愛卻不能，被迫分離割捨的那一種。

從拒絕相信兩人已經分手，慢慢接受事實，到開始習慣一個人、重新找到新生活的步調，是一段漫長艱辛的旅程。療傷期間柔腸寸斷的滋味，相信許多人都嘗過，不是每個人都做得到提放自如，有些人可以很快又「活過來」，有些人可能

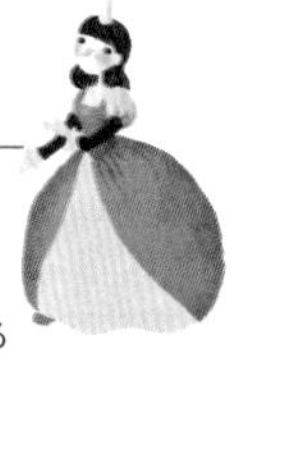

好幾年拖著半條命。

要不要繼續做感情的囚鳥或困獸，和本身的意願有關，所以強烈建議失戀者最好設定一個停損點，早點「認賠殺出」。至於分手後該如何自我調適？我個人有以下四點建議：

不要再追究為什麼

很多時候，分手的原因是很模糊的，不管怎麼追問，對方都只是用「我們不合適」的說法搪塞，果真如此也無須再追究，可能永遠都無法確知真正的原因。

世事無常，就接受分手的事實吧！試著轉移注意力，多和家人朋友出門走走、上一些之前想學卻一直沒時間參與的課程，或是出國旅遊。

很多人說一定要馬上找個備胎來墊檔，不然很難跳出難過和寂寞。喔喔，別害了那隻可憐蟲，人家本來日子過得好好的。在還沒有真正走出上一段感情的烏雲

之前，太快陷入另一段關係只會帶來更漫長的黑夜。

向悲傷情緒說再見

如果一直想著自己被拋棄，和友人聚會的話題一年到頭總是離不開惱恨，非要大家陪著你數落對方的惡行、臭罵「×××是個大爛人」，或是和同事到KTV慶生時毫無欲警地放聲大哭……不單對跳出過往沒什麼幫助，人際關係也會大受影響。

沒有人可以回答你「為什麼當初愛得那麼堅決，現在說變就變」，也沒有人喜歡在辦趴替時有人突然崩潰，所以最好在剛分手的那一個月發洩個徹底，好好把眼淚一口氣飆完，然後重返人間。

跳出恐懼和不甘願

在失去所愛或快要失去之前，常會患得患失得很嚴重，被一大堆的「害怕」恫嚇，怕以後再也找不到比他更好的對象、怕沒人陪、怕離開對方後會頓失依靠，怕就這樣子變成孤獨老人……太多莫名其妙的恐懼排山倒海而來，忘了以前沒有他的日子也不是真的那麼糟。

如果是因為欺騙或背叛讓戀情告吹，更容易被不甘和悲憤困住。「生活裡沒有他」其實並沒有那麼可怕，只是需要點時間戒掉對他的依賴和習慣。

舊人不去新人不來

有些人雖然沒有老是自怨自憐，卻整天死氣沉沉，感覺得到是掩著傷口故作堅強。究竟有沒有真正「離開」前一段關係，其實旁人看得很清楚，最怕就是看到

那種一失戀就失了魂的人，像個堅持要買某個玩具不然就抵死在地上耍賴的小孩，任性得讓人害怕。

執著就像個綁在腿上的鉛球，會讓人無法前進，也無心留意身邊的風景。有人說他無法想像下一個會更好，因為不斷會想起過去的甜蜜，生活裡處處是對方的影子，很難走出無奈、不甘和悲情……

但天總是會黑，人總要離別，該放手時就放手，經過一次又一次的熬煉，我們終究會發現，張開手你擁有的會更多！

酷妮可娃 限時批

以前聽人家說愛情像吃冰淇淋，必須把握時間，趁它還沒融化前好好享用，當它已經融化時，便已過了最爽口的時刻。聽起來雖然令人洩氣，卻也提醒我們，不需要將所有的生活重心都放在感情上，還有許多其他美好的部分值得品味。沒有人可以告訴你，面對分手究竟該用多少感性和多少理性，但是可以選擇用正面還是負面的想法面對聚散。

從小愛吃蛋捲冰淇淋的我，雖然每次吃到後來都很緊張（一不小心就會滴到手上），卻始終忘不了它一開始的美味。

Part 2 愛情趴趴走

辦公室男人禍水

聽過類似「為男人反目」事件已不知有多少，尤其每次遇到做錯事的外遇男人沒事在旁邊納涼，卻讓兩個受害女人互相纏鬥廝殺的情況時，我都會想，這些女人到底怎麼了？

一個朋友最近被公司裡的女同事聯合排擠，差點得了憂鬱症。中午找不到人一起吃飯不說，居然連部門裡的新人也被警告，只要敢靠近她就會被打成黑五類。為此她失眠了兩個禮拜，百思不得其解；上個月還好端端的，跟同事們有說有

笑，想不通自己到底做錯什麼事。

她像個在學校裡被欺負的小朋友：「那陣子每天早上起來，都不想去上班。」

某一天，朋友終於忍不住，抓了一個之前混得比較熟的小妹探問她是否聽到什麼風聲。

單身不是公害

「妳是不是去勾引人家老公？」小妹直截了當地問。她恍然大悟，果然猜得沒錯，是得罪了部門裡的大姐大。

原來在上個月的一次慶生KTV中，大姐大帶來從未在大夥兒面前露過臉的老公，在場的十幾個男女自然忍不住多打量了他幾眼。

「長得像老一點的張東健，可是這個我沒說喔！」她強調。

那到底是闖了什麼禍？

「看到她老公熱心體貼地幫她夾菜和倒酒，我不小心脫口說了句：哇！妳老公對妳好好喔！真希望可以嫁到像他這樣的老公……這樣也不行嗎？」

我只能苦笑，不知該怎麼安慰她的「政治不正確」。都三十歲的人了，怎會不知道在公司裡說話不能當在家？即使只是句客套話，也是要看人說。

「難道單身就一定要被當成公害嗎？」朋友越說越傷心，還說是不是因為大家韓劇看太多了。

該陪她一起數落這位大娘實在心胸太窄、醋勁過強，還是該唸唸她沒事不該隨便誇讚人家老公？對我來說都不是重點，也幫不上什麼忙。但我對於「女人老是為難女人」這種事倒有些許感傷，聽過類似的「為男人反目」事件已不知有多少，尤其每次遇到做錯事的外遇男人沒事在旁邊納涼，卻讓兩個受害女人互相纏鬥廝殺的情況時，我都會想，這些女人到底怎麼了。

我建議這位朋友去找大姐大聊聊，她卻搖搖頭說，已經來不及了，昨晚已寫好離職信。

這次我終於急了，吼了她一句：「為了證明男人不是禍水，女人沒那麼懦弱，妳給我好好待著！」不過女人多的環境確實是非也多，又讓我想到另一個職場上的例子。

女人愛搞小團體

有位還算開朗的朋友到了一間以女性員工為主的廣告公司當業務已快一年，還是覺得跟同事們格格不入，大部分的同事彼此之間都很熟稔，每個人都有自己的小團體，她總是插不進去，中午常常一個人吃飯。

她心想，大不了就當個獨行俠吧，事情卻沒這麼簡單；有幾次她被女主管叫去，叫她別硬和同事聊天，說她和大家的頻率都不對，同事們都反應和她話不投機，要她不要隨便跟不熟的人裝熟，不然那些人會覺得她很奇怪。

更慘的是，還被某個女同事寫黑函，將她某一次把「遲到寫成忘記打卡」的行

徑講得很難聽，讓她在老闆和同事面前整個黑掉。她說以前從來沒碰過那麼愛搞小團體和愛打小報告的同事，做人也從來沒有這麼挫敗過。

不單在職場上需要謹言慎行，姊妹好友之間，說話也不能太白目。

有位女網友在我的部落格上留言，說她的同學不曉得是羨慕她交了一位對她很好的男朋友，還是因為自己的男友真得太不長進，竟然趁她不在時對她的男友說：你對×××這麼好，不太好吧!?

女網友知情後非常不悅，心想，關她什麼事？就算嫉妒也不該這樣。「她的男友不長進，我都會想有機會多找他們一起出去，讓他的男友向我的男友見賢思齊，也許會對她更好，但她竟然不是，反而來挑撥我們的感情。」她說。

女人真的是很麻煩的動物，每個人心裡想的都不一樣，說是細膩，不如說是會放在心上的事情比男人多。有智慧的女人明白這一點，所以會涵養自己放寬心，把力氣放在對的地方；她們不一定長袖善舞或是八面玲瓏，但一定會提醒自己：女人不該為難女人。

破除錯愛迷思

法則一　逃避不一定躲得過，面對不一定最難受。

人與人的相處就和愛情一樣，沒有公式，但一定有進有退。

每間公司都有不同的「文化」和「遊戲規則」，不同的人也有不同的地雷區，多聽多看，就會在「忠於自己」和「皆大歡喜」上找到平衡。

或許危機就是轉機，不妨將目前的難關，當作是一個讓自己成長的機會吧！

只想一起沉淪

感情的事，一個願打，一個願挨，旁人也不好多說什麼。很多癡情到底的女人，堅持只要對方沒有說出半句絕情的話，就絕不會放手和離開。一心相信靠著自己的癡與真，終有一天可以「感化」這個愛拿自由當擋箭牌的浪子……

身邊有不少生命裡沒有男人也可以活得自在開心的女性朋友，卻也有幾個姊妹淘正好相反，整天嚷著不能沒有誰，如果要她離開那個人不如去死……。

芊芊就是這群癡女朋友中的代表人物，死心塌地守著已分手的前男友，兩年多來斷斷續續維持著肉體關係和不太正式的約會，始終放不開過去和他還是戀人時的短暫甜蜜，一心相信靠著自己的癡與真，終有一天可以「感化」這個愛拿自由當擋箭牌的浪子。

對芊芊來說，這些年來前男友除了從來沒有帶她見過自己的家人和朋友，還有一被芊芊逼得太緊便會躲起來消失一陣子，倒也沒幹過什麼天大的壞事，等避過感情追索的鋒頭，他又會跳出來關心她的近況，特別關切她是否交了新男友。

「每次聽到我說『沒辦法喜歡別人』他就很樂，可是不管我怎樣軟硬兼施，他就是不願意復合。」她始終抓不住那個人的心，更別說掌握他的行蹤，只能被動等待他偶一為之、蜻蜓點水的關懷和寵幸。

感情的事，一個願打，一個願挨，旁人也不好多說什麼。不過我一直明示暗示她，對方應該不是已婚就是劈腿，芊芊總是說：「不太可能，因為我看過他的身份證，也檢查過他的手機，什麼異狀也沒有。」

王子變魔獸

有一天，芊芊像隻受到嚴重驚嚇的小動物告訴我，前男友提出了一個非常駭人的建議：希望她和別的男人上床，然後拍下DV給他看。

「他說這樣或許可以刺激他對我的佔有慾，可能會讓他想跟我在一起。還說如果要下地獄，他也只想和我一起沉倫。」芊芊不敢相信自己所聽到的，更不能接受心中完美的白馬王子突然變成了魔獸。

「怎麼會這樣？以前的他不是這樣，我不知道他有這一面。雖然很愛他，可是也沒辦法為了他跟另一個不愛的人上床啊！」她始終認為那男人是愛她的，只是被某些她所不知道的心理障礙卡住了；所以她一直想當他的拯救者，想陪他克服愛的恐懼……可是現在，她有點搞不清楚他到底是個什麼樣的人了。

「是我太單純了嗎？」芊芊問。

「就讓故事到此為止吧！和他斷了吧！該放手走妳自己的路了。」我說。

何苦再費盡心思想知道他為什麼會這樣那樣（而且可能永遠也搞不懂）？對單純的人來說，只記得美好的部分，可能反而是種幸福。更何況，他開始提出些奇奇怪怪的要求，再下去會更難抽身。

堅持愛情信念

不管是和前男友作了了斷，或是可不可以不要再想去了解那個男人，芊芊都沒有聽我的勸，即使明知再下去可能會粉身碎骨，依然選擇繼續跟這個的男人一再重演舊戲碼，也沒有辦法認真跟其他人交往。

她說因為每次她問前男友到底還愛不愛她，那男人都說愛；這是芊芊的死穴。和很多癡情到底的女人一樣，堅持只要對方沒有說出半句絕情的話，就絕不會放手和離開。

真實身分曝光

故事到這裡還沒完……兩個月後，芊芊寫信告訴我，「真的被妳猜中了，他果然已婚。」雖然並不意外，還是很好奇她是如何發現的。原來芊芊剛好在網路上認識了前男友同部門的同事，在他的部落格上看見他們去年尾牙的照片，前男友也在其中，照片裡清楚可以看到他的手上戴著婚戒，於是芊芊故意套問網友在那張照片裡有沒有哪個人是已經結婚的？想不到前男友的已婚身份就這樣曝光了。

傻芊芊馬上去質問前男友為什麼結婚完全不讓她知道？但這個只想跟她一起沉倫的男人，在知道紙包不住火後，只輕描淡寫說了句「對不起」。一向高姿態的他第一次態度放軟，要芊芊不要只想到被欺騙，該多想想他的好，這些年來他也有付出（真的有嗎？）何不繼續享受兩人的甜蜜，維持現狀讓關係繼續下去？

芊芊一度被哄住，又打算「不計前嫌」陪他一起沉倫，不過幾天之後又哭鬧著要他還她個公道，至少該補償一點她這些年來的精神損失，不然要打電話告訴他的父母，想不到對方竟馬上出言威脅：「妳如果敢毀了我的生活，我也不會讓妳有好日子過。別忘了妳的角色是第三者，搞不好妳會被我老婆反告妨害家庭和恐嚇詐財……」

芊芊說她愛他當然不會想毀了他，但是他的恫嚇讓她恍然明白和看清楚，這個男人其實並不愛她。

面對真相的不堪與不甘

我不想在這個時候罵她，為什麼一定非要搞到這步田地才會醒過來，也不是那種會幸災樂禍的人。但是看到芊芊情緒崩潰和無盡的懊悔，還是會為又一個好女孩被愛情金光黨糟塌而心痛；很多人就是因為這樣，受了重傷，就再也不相信愛情。

不妙的是，在痛定思痛、好不容易從垂死邊緣爬回現實之後，芊芊也和所有吃

過虧的女人女孩一樣，心有不甘，也想給對方一點教訓，但又害怕他真的會報復。在療傷期不但要面對知道真相後的不堪，又要受到不確定接下來會發生什麼事的恐懼煎熬，真的非常辛苦，她也知道畢竟自己是第三者，事情鬧大了恐怕也是玉石俱焚，偶爾還是會突然叩我，說她沒辦法忍受自己孤伶伶又這樣狼狽，那個壞男人卻和妻子恩恩愛愛……

好幾次我都差點拉不住她，她說一定要打給男人的父母，告訴他們他幹的好事。但這樣做有意義嗎？也許你會說，當然有，這種人本來就該好好給他點教訓，不但要讓他父母、同事們知道，也要讓他老婆看清楚自己嫁的是什麼樣的男人。

我不要她衝動行事，一方面是因為這些年來也見多了，知道這種男人在父母和妻子面前說的應該是另一個版本，根本不會聽芊芊這樣的「第三者」說什麼，打去只會自取其辱受傷更深。

另一方面，以她目前的狀況，根本脆如薄紙，前面錯的已經夠離譜，也已經浪費太多青春，最好就此和魔獸之間不再有任何瓜葛，過去這三年，就當作一場噩夢……

我必須說明，寫這些真實故事，不是為了強調男人有多壞，我對男人沒有敵意和成見，因為也看過不少男人被壞女人騙（這個也多到可以寫成一本書），但是我真的想點醒容易不斷自我催眠又喜歡死抓著自己愛情信念的女孩。如果妳也有「不見棺材不掉淚」的鐵齒，希望芊芊的故事可以提醒妳，不要再繼續自虐和裝肖維了。

破除錯愛迷思

法則二　如果一個女人潛意識裡相信自虐可以惹人憐愛，吸引來的就會是以虐待女人為樂的男人。

寂寞不是病，痛起來要人命；寂寞與擁有多少東西無關，是人心中一頭容易餓的獅子，一發作就讓許多人瘋狂和失去理性，這時候最容易做出錯誤的決定。最怕聽到有人說：「我不甘心！」、「除非我親耳聽見他說他不再愛我，不然我沒辦法放手！」、「大概我命中注定就是會被男人騙。」……

親愛的，悲壯和犧牲不是愛情的保證卡，更不能為誰換來真正的幸福，不要老是等到遍體鱗傷才呼天搶地嚷著真心總是換絕情。

男人，不是沒一個好東西，被騙得團團轉，是因為想法和個性，不是命中注定！

好友變床伴

真的有人可以做到友誼不受影響？這個問題有代際（不同年齡層）的差別嗎？兩性關係有很多選擇，「友達以上，戀人未滿」也不見得就是床伴關係，嘗試之前一定要想清楚，犧牲一輩子的友誼換取片刻的溫存到底值不值得？

美國密西根大學做了一項研究，發現該校有百分之六十的大學生身邊，至少有一位兼任床伴的異性友人。報告中還提到，當中有近四成的學生在跟對方結束床伴關係後，兩人還可以當好朋友，另有三成左右的人，在關係結束之後也無法

繼續來往。心理學家為這種特別的友伴關係取了個頗傳神的名稱——Beneficial Friend。

真的有人可以做到友誼不受影響？這個問題有代際（不同年齡層）的差別嗎？我有點好奇，於是忍不住打電話給幾個找過臨時情人陪睡的熟女麻吉，問問她們到底跟熟人上了床之後還能不能繼續當朋友？

過渡期替代方案

果然，真有人說「沒什麼影響」，而且認為邊當朋友邊搞曖昧「很有趣」。雙方可繼續保持友好的關鍵在於，當初走向這樣的關係純粹是因為對方長得帥或長得正，清楚彼此只是過渡期解決性飢渴的一個伴，不可能變成男女朋友。她們很清楚男人是絕對可以性愛分離的動物。

「妳知道他很喜歡你，但就算不小心上床了，也不一定要跟妳交往，這個我以前也了解，只是一再確認這一點之後變得不會強求了。以前的我可能會去追問對方到底怎麼想的，現在完全不會了，一切都順其自然。」A熟女說。

也有些人正好相反，從床伴變情侶，本來覺得和這個人不來電、許多方面不OK，擦槍走火之後反而弄假成真。

B熟女說她的臨時情人不可能是陌生人，必須是聊過天、互有好感的朋友，「或許比較接近一種『試用』的心態，我從不排除由性而愛的可能。」

但根據密西根大學的調查結果，由床伴發展成男女朋友的比例只有不到一成，萬一真的不小心愛上對方，通常都只是單相思。

最妙的是，幾個崇尚性自由的熟女居然想不起自己到底有沒有好友床伴，原因是想來想去實在找不出所謂的「男性好友」。對她們而言，拜把好姊妹可以找出一、兩打，但是身邊的男人除了工作夥伴，似乎只能區隔出「男友」和「路人」兩種分類。

口風不緊後患無窮

還有一種情況也頗常見，就是「目前的床伴是前男友」，意即分手後還是離不開對方的身體，這種案例也是不勝枚舉。好友床伴看似比隨便找個陌生人一夜情安全，當然也有它的缺點，萬一男方口風不緊，愛拿性戰績來炫耀，很可能全世界都會知道。

自從跟同業的一位工作上的長期夥伴上過一次床之後，C熟女便發現熟人當床伴的後遺症很多。事後才聽說這個男人很喜歡暗示其他同事最近誰誰去過他家，又很愛吹噓性能力，害得她每天提心吊膽，怕的不是見面尷尬，而是辦公室裡的八卦流言。

能夠靈肉分離、不需要先愛後性的摩登女，真的越來越多了嗎？根據媒體的調查，十八到三十歲，主張自由（FREEDOM）、懷抱夢想（FANTASY）、放眼未來（FUTURE）、充滿趣味（FUN）的F世代男女，真能做到性愛分離的女性不到兩成。她們理直氣壯地看待自己的性自由，也承認有時候只是想找個人抱一抱，將床伴關係或一夜情，當做過渡期和空窗期最方便省事的替代方案。

好幾個遊戲人間的浪女後來都鬆口說，沒有愛的性做久了像作體操或特技表演，而且可以不要愛只有性的玩家級女人通常是為了錢或權。

「女人終究是女人，大部分的女人還是渴望有點強度、夠深刻的戀愛，只是合的人沒出現，如果能有個令我瘋狂的愛人，誰還需要找個只想親熱不讓負責的床伴？」她們說。

女人很難性愛分離還有一個生理因素，心理學家們發現，當女性與人發生性關係時，腦中會分泌一種對對方產生依戀的荷爾蒙，很容易一不小心就誤以為和對方來電而友誼變質，其實只是生理影響心理的一個謊言。

兩性關係有很多選擇，「友達以上，戀人未滿」也不見得就是床伴關係，嘗試之前一定要想清楚，犧牲一輩子的友誼換取片刻的溫存到底值不值得？

破除錯愛迷思

法則三　不管再怎麼好用，替代品終究只是個替代品。

好友充任臨時情人的原因很多，有些人是因為失戀時需要有個替代品來療傷止痛，即使被愛的感覺只是逢場作戲也不在意。

乍看是你情我願、各取所需，但僅是「身體的伴」終究無法滿足大部分女人靈肉合一的渴望，贗品就是贗品，無論如何都不可能取代真品的價值。

謝謝羅曼史

男人說，溫柔的女人不一定可愛，但可愛的女人往往都不怎麼乖順，即使如此，他們還是爭相追逐那些懂得利用男人弱點的現代妖姬。顯然，裝肖維不是女人的專利，許多男人也是感情的俘虜……

有一次和一位二十七歲的化妝師聊天，聊著聊著，她突然說起她的「獵女經」……

雖然年輕，黎玲已經歷過一次婚姻，靠著前夫每月供給的五萬元贍養費，日子

過得相當盈裕，不過她並沒有因此而知足，自從有了「男人都喜歡新鮮感」的頓悟後，她知道捉摸不定和神秘感可以為她創造更大的財富。而她身邊也真有不少男人時時有人捧著金山銀山，排隊等著入幕進貢，現在偶爾出來接點案子，只是為了交朋友和打發時間。

以逗弄男人為樂

回到自由之身的黎玲，不定時和幾位「績優股」約會，想換換新的玩伴，就上交友網站和聊天室釣人，通常不到半小時就可以找到個還不錯的短暫情人。她特別喜歡挑選電腦工程師或研究生見面，因為她認為這些男生「很色，但又壞不到哪裡去」，相信這些有色無膽的年輕男人，即使見了面，也不至於做出太危險的事。

看著深受慾望箝制、心思卻很單純的網友，故作鎮定又極力想調情的模樣，有時會激發她的一絲同情，但大部分的時候，反而激出她的邪惡，不時故意發出一兩聲引人遐思的淫笑，或是刻意低頭彎腰、露出明顯的乳溝……不逗到對方汗流浹背、說話顛三倒四、目光焦距無法集中絕不善罷干休。那是黎玲的樂趣。

「書上寫得一點都沒錯，只要對男人略施小惠，他們就會搶著對妳獻殷勤，自動像吐鈔機一樣吐出鈔票來。」黎玲的馭男招數全來自羅曼史小說的啟發，那些書是她的戰略寶典，不僅安慰鼓勵了她，也牽引她發掘出自己演戲的天份和玩弄女人味的潛力。

「繞來繞去，還不是都想上床。」她把和男伴之間的進退追逐當作一種表演，而真正樂此不疲的原因是，這些欲擒故縱的遊戲還可以換來金錢和被愛的感覺。她很懂得現學現賣，時而哀怨惹憐，時而明艷照人，學會細膩的撩撥勝過赤裸裸的勾引。擅長的「魚餌戰術」無往不利，總能搔到對方癢處，明明完全不在意對方劈腿，也要假裝爭風吃醋，加上一臉純真無辜的表情，更容易將心思比較單純的男人唬得團團轉。

對獵技有把握

放棄對愛情忠貞的黎玲，後悔自己開竅得太晚，太晚領悟什麼叫：男人有錢就變壞，女人變壞就有錢。

「早就該將愛情事業當作投資事業好好經營啦，只有笨蛋才會把雞蛋放在同一個籃子裡。」

拜羅曼史小說之賜，黎玲變成一個愛撒嬌又不囉唆的聰明女人，知道如何不費吹灰之力就可以讓男人願意掏心挖肺，更樂意掏錢掏信用卡，甚至送上名車豪宅或一起投資生意。「男人的錢我拿的心安理得，因為『使用者付費』本來就是應該的！」黎玲說。

她讓自己活得像個女王，在感情的國度裡自由進出。歷經滄海桑田，也試驗過各種男女遊戲之後，她發現言情小說的故事情節並非都是虛構，想像和現實其實並不真的那麼遙遠。

雖然經濟不景氣，懂得利用男人弱點施以心計的小妖女也不斷增多，不過黎玲似乎還不想回頭，因為她對自己的獵技有把握，也演得更過癮，覺得自己能將書中的對白和角色詮釋得淋漓盡致。

兩性的角力遊戲，在多元社會裡似乎越演越烈，一向是主和派的我，也越來越焦心。壞男惡女鬥法，到底誰才是真正的贏家？獵男獵女們再這樣繼續大車拚，太平之日似乎更遙遙無期啊！

破除錯愛迷思

法則四　男人總是喜歡向不把他看在眼裡的女人獻殷勤。

如果「女人的眼淚」是壞男人的戰利品，讓肥羊男「完全失去自我、任憑宰割和予取予求」，或說「受騙也被騙得開心」，則是專業級獵女的主要本領。

男人說，溫柔的女人不一定可愛，但可愛的女人往往都不怎麼乖順，即使如此，他們還是爭相追逐那些懂得利用男人弱點的現代妖姬。顯然，裝肖維不是女人的專利，許多男人也是感情的俘虜。

在喜歡的男人面前，最好別滔滔不絕，還是保留點耐人尋味的想像空間吧！

只是要性，還是真心談情？

有太多女人會故意裝傻，明知對只是假「習慣先性後愛」之名，行「找個臨時床伴」之實的男人不需要太認真，卻還是遲遲不肯放手，非要等到被玩膩了一腳踢開才知道喊痛！

「競爭」和「拉鋸」是兩性之間最常見的遊戲，常看到身邊的朋友在混沌未明的曖昧中玩得不亦樂乎或飽受其苦。

最近，女網友雪莉正捲入一場猜心遊戲的漩渦。有個工作上的

客戶經常約她單獨碰面，幾次下來對方肢體動作的挑逗越來越火熱，雪莉幾度想放縱自己，又隱隱覺得不安，因為對對方根本還不是很了解，搞不清楚自己是真的愛上對方，還是受到費洛蒙的影響。

身邊的女性朋友告訴她，上了床就知道愛不愛了，對方也一直在試探她的底線，但在關係確認之前，雪莉對那些煽風點火的挑逗遲遲沒有回應，因為不想要沒有感情的性。她知道強摘的瓜不甜，希望對方能主動表態，但幾個月來，卻總抓不住男方的動機和想法，不知他葫蘆裡到底賣的是什麼藥。

雪莉終於忍不住問我，有沒有什麼方法可以測試男人只是要性，還是真心想談情？有任何判斷對方目的跟想法的準則嗎？

烈女怕纏男

坦白說，大膽調情究竟只是為性還是出於真心因人而異，可能兩者皆有。我告訴雪莉，或許他多少有些喜歡妳，但還是要先問問自己，要的是什麼「關係」；激情來得快去得急，男人想和女人上床常是出於本能反應，就算他表明喜歡妳，如果他已婚或有伴，妳還是願意嗎？

如果是來真的，他會告訴妳需要再給他多少時間「想清楚」，也會表明若即若離的態度是出於謹慎，或有些狀況正在處理，不會一直要妳「猜心」和老讓你覺得，一切是那麼……不真實。

玩家正好相反，到處都是獵物，他有的是時間。曖昧不明的關係對他們來說進可攻退可守，美其名多了點神秘感和想像空間，卻也是不想負責的藉口和便於抽身的退路。所謂「烈女怕纏男」，獵人會耐著性子等著妳終有一天把持不住自動繳械。

三不男人最磨人

有時候答案明明很清楚，女人還是選擇假裝不懂。連男性朋友都直言不諱地說這種「不肯坦承己意」的男人通常都有問題，只要享受一下被他追求的微醺、讓生活多點遐想與樂趣，跟這種痞子戲耍一下尋個開心也就可以了，但若認為這種關係可以正常發展，女人可能有點「想太多」。

他們的建議是：「紳士風度是衡量男性居心的基本標準，如果他與妳的肢體接觸超過某個程度，自己就應該明白對方要的是什麼，不要等理性回歸後才哭爹喊娘說男人沒一個好東西，人家並沒有逼妳。」

沒錯！有太多女人像雪莉一樣會故意裝傻，明知對只是假「習慣先性後愛」之名，行「找個臨時床伴」之實的男人不需要太認真，卻還是遲遲不肯放手，非要等到被玩膩了一腳踢開才知道喊痛。

在愛情的互動哲學中，遇上不拒絕、不負責、不主動的對象最讓人受煎熬。對於那些喜歡讓女人猜不透心思的男人，妳可以選擇要不要繼續跟他玩這個主導權的爭奪遊戲。真的需要一直揣測他到底在想什麼嗎？要讓自己的情緒不斷受影響？想賭賭看這場對決會不會出現愛的奇蹟？說真的，除非妳時間多，不然「猜心」實在很浪費青春。

破除錯愛迷思

法則五　就算對方一路挖洞，也沒有叫你一定要跳。

對於有好感的異性，我們很容易就會被對方所說的某句話牽動，急著分析和解碼，只為想找出心中所期待的愛的證據，根本不願面對真正應該關切的重點。

許多人走上不歸路都並非必然，途中其實隨時都有機會回頭或改道，偏偏就是有人喜歡鋌而走險，如果那是你要的，就不能怕粉身碎骨，如果那不是，快轉身，相信你的直覺吧！

不想說的秘密

很多人原本認為戀人之間一定要完全坦白，受過傷之後，便覺得不管彼此再怎麼親密和無所不談，有些隱私還是藏在心裡就好……

不單是有些秘密最好深埋心底，許多敏感話題也要懂得四兩撥千斤，戀情才不容易半路熄火。

每次聽到有人說自己如果真的愛上一個人，可以完全接受對方的過去，我都會想起晴晴的故事。遇過幾個純情男真的可以做到不在乎女方的過去，他們願意接受對方曾經作過援助交際或在酒店陪過酒，甚至為別的男人拿過小孩。但是，當

我探問他們如果遇到類似晴晴的情況，還會繼續和她交往嗎？想不到這些人都搖頭。晴晴遇到的男人也是……

過去並不代表永遠

當時她告訴我得了一個「現代人一不小心就會得的病」，本來還以為她說的是肝炎，想不到是感染了性病。

「應該是被前男友傳染的，發現問題後，我馬上就跟剛交往沒多久的新男友說了，因為這種病只要有一方被感染，另一方也要去檢查，不然就算治好了還是有可能復發。想不到一跟他說完人就失蹤了。」晴晴很傷心，哭著說：「一個人的過去並不代表永遠都會是那樣啊，真的喜歡一個人，不是應該不在乎他的過去嗎？」為了這事，她不但失去男友還丟了工作。

調適一年後，晴晴的身心慢慢恢復，以為自己終於遇到一個可以完全接納她的好男人，感情穩定後，她再次鼓起勇氣坦誠過去的「那一段」。剛開始男人接受了，陪著她一起回醫院做定期追蹤檢查，也詢問醫生許多問題，最後還是因為聽到該病的復發率極高又選擇離開……

特殊隱疾要先說

殘酷的現實，讓晴晴決定從下一段感情開始保護自己，打死再也不說出這個秘密。很多人也跟晴晴一樣，原本認為戀人之間一定要完全坦白，受過傷之後，便覺得不管彼此再怎麼親密和無所不談，有些隱私還是藏在心裡就好。

我個人是認為，關係沒有很深，有些個人隱私可以暫時不必提。但如果有可能論及婚嫁，對方有權利知道或遲早會知道的事當然要先說，特別是家族病史、特殊隱疾、是否結過婚或仍在婚姻中（聽過太多交往多年後才知道對方已婚或離婚有小孩的真實例子），會影響到兩人生活的事都不該有所隱瞞，不然真的對對方

不公平。

問了幾個女性朋友，如果情況反過來，婚前知道另一半有這方面隱疾，還會不會嫁？想不到真有人說「還是會。」、「反正這個病也不會掛點，愛他就會接受全部的他，只是心理壓力會比較大。」也有人對這種想法嗤之以鼻，笑言「那是她太天真，不瞭解人性。」一位師奶說：「光是想到那件事，就一點性慾都沒有了。」或許有些問題可以交給時間解決，但確實不是每對戀人都有克服艱難期挑戰的勇氣和共識。

想婚的晴晴，究竟能不能遇到一個完全接受她過去的男人？我不太確定，唯一確定的是，這兩年她很留意自己身體的狀況，還戒掉了一夜情。

破除錯愛迷思

法則六　戀人之間，不是坦白無欺就可以拿滿分。

不單是有些秘密最好深埋心底，許多敏感話題也要懂得四兩撥千斤，戀情才不容易半路熄火。

比方當對方要妳拿他和前任做比較，拐彎抹角想套妳話時，當然不能逐項比對然後據實以告，吵架時也不宜吐出「以前的男友都不會這樣對我……」這樣的衝動氣話。

「少拿現任戀人跟歷任做比較」，是愛情長青的鐵律。

同學會的後遺症

「同學會」不單是八卦謠言的集散地或發源地，更可能是婚外情的製造中心。老同學之間極容易因為敘舊，而擦出激情的火花……

「同學會」是個很特別的場合，除了可以讓失散多年的同窗好友久別重逢、便於一些保險直銷業務人員衝衝業績，無形的禍患似乎也不少；不單是八卦謠言的集散地或發源地，更可能是婚外情的製造中心。老同學之間極容易因為敘舊，而

擦出激情的火花。

極力挑逗誘惑放縱

網路上認識的朋友萱萱，在去年結婚前夕參加了一個同學會，一位曾經向她示愛無數次的大學同學也出席了那次聚會，那陣子正好從上海搬回台灣，但不論是學生時代或後來，她一直都只當他是個「可以對話的雞肋」，那一次的同學會，兩人因為工作的話題再次拉近了距離。當天晚上，男同學馬上打電話給萱萱，表示聚會時間太短聊得不夠盡興，想邀請她假日再見一面敘舊。

萱萱沒想太多，以為只是簡單吃個飯、聊聊天，想不到對方竟開車將她載到北海岸「談心」。與其說是談心，不如說是再次告白。同學將氣氛弄得超浪漫又感性，他坦言即使過了這麼多年，萱萱對他的吸引力依然絲毫未減，強調自己一直對她念念不忘，極力煽惑她把握當下及時行樂免得日後有遺憾……柔情攻勢一波

接著一波，終於說服她在結婚之前放縱一下，好將這件事「做個了結」，事後再各自回到原來的生活。

隔天下班之後，老同學將她接到城裡最豪華的汽車旅館，一路上萱萱的心情忽憂忽喜，一下子覺得自己有點悖德，一下子又覺得有些飄飄然。

但萬萬沒想到，經過幾番掙扎、雙方袒裎相見後，男方的小兄弟突然不聽使喚，原本唯美浪漫的羅馬假期情節突然走調，劇情急轉直下，場面尷尬且完全失控，最後不得不草草收場。

當場漏氣想翻盤

雖然男方不斷強調類似的障礙「從來沒有發生過」，也試著做些比較正面的解釋，比方像「沒有類似經驗所以很緊張」、「因為有罪咎感」、「幻想成真有點承受不住」……再冠冕堂皇的說辭似乎都已於事無補。

不過也因為那次虎頭蛇尾難以收拾的狀況，萱萱如夢初醒，為自己的貪玩和禁不住誘惑感到羞慚。

事後，不論這位同窗舊識怎樣苦苦哀求，一再想要爭取翻盤機會，她都斷然拒絕了，也因為已經嫁為人婦，完全不想再節外生枝。

對於當天發展的「不如預期」，她的結語是：「應該是天意！」覺得自己不適合當壞女人，也不能做壞事，直嚷著「歹路不能行」。

現在的萱萱，婚姻很幸福，她很慶幸那次的貪歡過程不太順利，不然不知會發生什麼後果，搞不好一直到後婚後彼此還糾纏不清。她笑著說，下次除非是找老公一起去，不然她再也不參加什麼同學會了！

破除錯愛迷思

法則七　已婚的前男友或是男同學打電話來問最近好不好？記得，一定要說好。

以前聽過一句話說，女人躲男人，像躲強盜，男人躲女人，像躲警察。這話恐怕得改改了，男人現在不像強盜，比較像金光黨，可以在很短的時間內騙到他們想要的東西。

壞男人知道女人多半擋不住柔情攻勢，只要稍微沉住氣有點耐心、表現得夠癡情，很容易就可以擄獲芳心。

無所不在的情慾試探，就像無所不在的詐騙集團，妳可以選擇繼續聽他胡說八道，也可以直接掛電話；奇怪的是，總有些人明知是大野狼來敲門，還是會傻傻的把門打開。

算不算性騷擾？

依據「性騷擾防治法」，不論是肢體觸碰或是言語輕佻，只要讓對方感到敵意或受冒犯就可能挨告。到底言語上的調戲和令人不快的目光算不算是性騷擾？請記住，調戲和調情雖是兩碼子事，但不管是哪一種，對象不對都叫性騷擾……

前幾天夜裡接到一個朋友的電話，說他的妹妹被人家欺負了，問我有沒有認識的女律師。他把電話轉給妹妹嘉蒂，讓她自己吐吐苦水。

不久前嘉蒂跟著主管到一家公司的財務會計部查帳，負責接待他們的是一位文

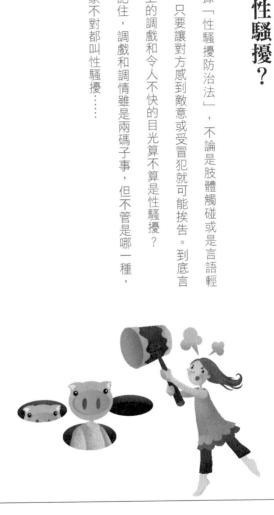

質彬彬的年輕帥哥，想不到這位第一次見面的男士竟趁著休息時間尾隨嘉蒂到茶水間，突然從後面抱住她的臀部做出極猥褻的動作。

雖然只有幾秒鐘，還是讓嘉蒂受到嚴重的驚嚇，「我完全嚇呆了，已經記不得當時是怎麼脫身的。」事後嘉蒂也不敢告訴上司和同事，自己悶著不知該如何處理。

問她為什麼不講？「怕說了會被老闆炒魷魚，即使錯不在我還是會擔心丟了飯碗，而且講了可能也沒什麼用，因為那是公司的一個大客戶。」

一個做業務朋友夢芸也遇過類似的情況，有一回和另一位女同事被客戶拉去一間高級溫泉酒店吃春酒，在座有男有女，幾位男性都喝了不少酒，好不容易應酬完各自要上計程車時，她和另一名女同事趨前向客戶道謝，想不到有位仁兄竟打開車門伸出手來拉扯夢芸的衣襟，硬要將她拉進車裡，還好身旁的女同事也用力拉住她，才在一片混亂中安全脫身。

出言斥責反被虧

除了肢體上的騷擾，一位南部的網友小曼也向我抱怨過他們部門裡有個「黃帝」，很喜歡說些有色笑話或雙關語，尤其愛拿女生的胸部和身材開玩笑，偏偏有些遲鈍的女生，不但毫無警覺遭人貶損不吭氣，甚至還會傻傻地跟著笑。有一天，小曼終於再也受不了那個人對年輕女同事的輕浮無禮，要他對女生們放尊重點，想不到黃帝居然還反過來酸她：「別吃醋嘛！下回我再好好伺候妳。」

記得看過一篇報導，說有一名女秘書受不了在辦公室裡常被上司用淫褻的目光注視胸部，有一次傳真機的墨水濺到她的褲子上，上司竟立刻拿布上前擦抹她的大腿，還說過要送一件性感睡衣給她……這名秘書不堪其擾，投訴後上司才做書面道歉。

我是真的常聽到姊妹們在公司裡受委屈，不是因為加班或業績壓力，而是男主管仗著自己的權位和掌握考績，威逼女下屬必須接受他一切言語上的調戲和有意

無意的肢體接觸，甚至有些被欺負的女性還已婚。

讓人不能接受的是，這些女性多半敢怒不敢言，既不敢反抗也不知該如何脫困，理由和嘉蒂差不多：因為她們需要這份工作和收入。

真要逐一舉例真的是舉不完，不管哪一個年代，色狼都無所不在，隨時都有男人虎視眈眈地伺機而動，女人上公廁要小心針孔、搭捷運得提防癡漢，在辦公室還要懂得閃避男主管的鹹豬手和會讓人不舒服的言語騷擾。

性騷擾是主觀感受

也許有些人覺得像夢芸或小曼這種輕微的「妨害性自主」事例不需要太小題大作，偶爾被開點葷玩笑應該無傷大雅，但依據「性騷擾防治法」，不論是肢體觸碰或是言語輕佻，只要讓對方感到敵意或受冒犯就可能挨告。到底言語上的調戲和令人不快的目光算不算是性騷擾？我覺得是個人的主觀感受。

曾經有位男性朋友說，同樣的一句話或是肢體動作，出自帥哥還是街友，得到的反應就是不一樣；有些人被帥哥調戲還會沾沾自喜，或是在路上被盯著看，還會故意搔首弄姿（別跟我說妳就是這一種）。或許這就是許多男人對女人的看法——願意多看她幾眼，表示她身材好、有行情，她應該高興都來不及，何況又不是襲胸，也不會少她一塊肉……

拜託，女生不是只有一種好嗎？不想被調戲和騷擾的姊妹們，請不要再保持沉默啦！

破除錯愛迷思

法則八　調戲和調情是兩碼子事，但不管是哪一種，對象不對都叫性騷擾。

記得學生時代參加一次康輔活動，其中有一位男性團員很以逗弄女生為樂。常趁人不備、阻擋不及偷吻同團女生（臉頰），還到處自豪地向人炫耀說，二十幾位女團員幾乎全被他親過。

我不記得自己當時是不是也慘遭狼吻，也不知道為什麼這樣缺德的癖好會被拿出來說嘴？只記得直到有個比較內向的女生，因為他的「襲擊」放聲大哭和不吃不喝，這件事才引起關注和遭到撻伐，後來是領隊請那位男團員跟女生們逐一道歉，才沒有把事情鬧大。

這事令我印象很深，雖然他一再強調沒有惡意，卻顯然已讓好幾位女孩產生陰影。現在這個男孩應該已經當爸爸了，我想他應該不會希望自己的女兒受到類似的偷襲和驚嚇。

難怪男人不要妳

男人誓死都不願放手的兩樣東西，一是尊嚴，一是自由，偏偏女人就愛踩進對方的私領域瞎攪和。老是疑神疑鬼、懷疑對方感情走私更是要不得的壞毛病。別忘了太多的不安全感和不尊重是情場大忌，很容易就會把愛情下成死棋……

還記得電影《絕配冤家》（How To Lose A Guy In 10 Days）裡的女主角安蒂是怎麼在十天內結識一個男人又迅速甩掉他的嗎？愛猜忌、小心眼、佔有慾、喋喋不休、脾氣壞，是女性身上常見的「凶器」，尤其毫無由來的猜疑，更是天下

男人的第一怕。

疑神疑鬼最醜陋

前兩天一個女網友寫信來求救，提到她幾天前一時手賤，將男友的MSN訊息記錄整個偷偷「打包」到自己的電腦裡，想看看他最近有沒有想追誰。結果真在記錄中發現他和某位女性友人的對話極為曖昧，一氣之下，便到他家將自己的個人用品全部搬空，經男友解釋之後才知是個誤會，但彼此也因為這次的事件鬧得頗不愉快，感情出現裂痕。

剛和女友分手的阿宥，表達了男人共同的心聲，覺得女人沒事亂發飆的時候最不可愛。「不管長得有多美，當她惡狠狠、酸溜溜地批評別的女人，或是自己亂編故事，威逼男人俯首認罪……樣子都會變得很醜陋！」阿宥說，雖然細膩敏感和愛吃醋是女人的特質，但他受不了女友動不動檢查他的手機、聞他的襯衫。

另一個網友小虎則發現新女友很會「搶地盤」。某天起床更衣時，小虎大吃一驚，衣櫃裡幾乎塞滿了女裝。女友這幾天將自己的衣物偷天換日陸續卡進來也就罷了，竟連幾件他最愛的凡賽斯花襯衫，也因為她所謂的「礙眼」，在未經同意的情況下被扔進了舊衣捐贈箱。小虎恨得咬牙切齒想理論，又怕自己太小題大作，提出來傷感情。

同居幾週之後，他發現諸如此類令人哭笑不得的情況越來越多，不但書架、CD架等私人空間嚴重縮水，甚至連財務也被控管（有一次跟朋友出去打算買單時發現，原本裝了四、五千元的皮夾，裡頭竟然變成了三百元……）。漸漸地，那許許多多鳩佔鵲巢的花樣已不再是驚喜，而是一連串噩夢般的不快和惱怒，令小虎不堪其擾，最近已考慮提分手。

野蠻女友倒胃口

不只小虎，馬克也不希望有個野蠻女友。馬克的前女友非常「有主見」，說話咄咄逼人，完全不給他表達真實意見的機會，又常將所有的錯（比如趕不上電影或沒排到餐廳座位）都歸咎在馬克身上，而且一言不合就會在馬路上大吵大鬧，日子久了，不但常讓馬克覺得丟臉，也認為女友越來越不可理喻。

「她不但對我交的朋友、吃什麼、用什麼……樣樣都要管，連我牙刷的顏色、口袋裡有幾張發票也都要過問。」不想再忍受她的任性和不顧他的顏面，他開始將注意力轉向別的女生。

男人誓死都不願放手的兩樣東西，一是尊嚴，一是自由，偏偏女人就愛踩進對方的私領域瞎攪和。老是疑神疑鬼、懷疑對方感情走私更是要不得的壞毛病。別忘了太多的不安全感和不尊重是情場大忌，很容易就會把愛情下成死棋。

難怪老聽見男人說，漂亮的女人滿街都是，個性成熟又懂男人心的卻少之又少！

破除錯愛迷思

法則九　男人喜歡的是女人會撒嬌，而不是撒野。

他喜歡妳的外表，又欣賞妳的腦袋，不表示他願意忍受妳的壞脾氣。為了讓女性朋友們更抓得住男人心，我不惜冒著被罵到臭頭的風險揭露幾個重大病癥，它們反映女人性格裡的不安全感、自私、小心眼和過了頭的佔有慾，更是引起許多戀人反目的根源。

忘了是哪個男人說過：「請我幫忙做一件事，會提醒我是個男人，叫我怎麼做一件事，會讓我想到我媽。」對他們來說，「喜歡咄咄逼人」和「愛嘮叨」的女人最不性感。

想保持女人味？記住，千萬別說話像他媽！

男人的敏感帶

男人的「敏感地帶」絕對不比女人少，不管妳有多麼欣賞自己主管或某位男夥伴的工作能力，千萬別在希望妳只對他說好話的男友或老公面前過度誇讚其他男人！

凱洛有一次與男友、好友以及好友她的新男友聚餐，發現好友的新男友是個體格超讚的猛男，忍不住就盯著他的臂肌和胸肌多看了幾眼，也可能多聊了幾句，沒想到回去之後，男友便很不高興地對她冷嘲冷諷，指責她居然在他的面前公然

對另一個男人放電，還把凱洛說得很不堪。

之後兩人冷戰了快一個月，凱洛不明白這次為什麼會鬧得這麼嚴重，他的反應未免太小題大作了吧！她的心中充滿不解，認為自己很無辜。

「我不知道他哪來那麼多氣，已經不是第一次了，只要我跟一起出去玩的朋友們笑鬧得很開心，他就在旁邊悶悶不樂擺臭臉，回去的路上就一直挑我毛病，說我沒把他當回事，有一次還罵我像個花癡，說那個男的說話那麼無趣，沒想到我還能跟他聊那麼久……他自己要自閉也就算了，還要拖別人下水。」凱洛說她再也不想跟佔有慾奇強的男人交往。

男人吃醋和尊嚴有關

在廣告公司當業務的薇琪也曾遇過這樣的男人。因為某個提案非常成功，不經意在男友面前表現出對主管能力的激賞也引起軒然大波，他懷疑她對上司萌生愛

意，在那之後動不動就語中帶刺地酸她，或是以譏諷的口吻說：「他穿的衣服那麼老土，妳不覺得他的樣子很蠢嗎？」薇琪這才知道，原來男人也很小心眼，鬧得她幾乎得為了他換工作。

「為什麼對自己、對我都那麼沒有信心？」薇琪在分手信裡寫著。

的確，太愛吃醋的男人讓女人無法呼吸，但真的都是因為小心眼和不安全感在作怪嗎？以前的說法是，女人吃醋通常是擔心她的男人感情出軌，男人吃醋，則是因為懷疑女人在性方面對他不忠。但現在的男人吃醋，理由更多了，多少都和男人的尊嚴有關。心理學家們發現，男人普遍妒忌的對象是與妻子或女友一起工作的男性，這些人很容易變成他的假想敵。女人如果想用「比較」的舉動鼓勵或刺激男友上進，這並不是一個好方法。

貶人是為了引起注意

怪得是男人很懂得在女友面前，「故意」將自己明明很哈的同事講得像母豬或男人婆避嫌，女人卻常大剌剌少根筋，沒事還想用稱許別的男人來看看男友會如何被妒火煎燒。

也許妳覺得男人吃醋的模樣特別迷人，但有些時候，我們實在搞不太清楚他是真的生氣，還是故意撒嬌。為了面子，他們當然不會輕易承認自己愛吃醋，盡管內心波濤洶湧，表面上還是會盡可能裝作若無其事，但是妳多多少少會感受到他有點不對勁。他會似笑非笑、說話酸溜溜，或設法打擊對方來鞏固自己。他貶人的目的只有一個：想提醒妳注意他的存在，還有，誰都別想靠近他的女人。

他的妒忌對象，可能是妳的父親、兄弟、上司、同事、其他異性朋友或路上某位男士，更可能是妳的前任男友。男人的「敏感地帶」絕對不比女人少，不管妳有多麼欣賞自己主管或某位男夥伴的工作能力，或是剛好看到以前交往過的對象上了《商業周刊》……，相信我，千萬別在希望妳只對他說好話的男友或老公面前過度誇讚其他男人！

破除錯愛迷思

規則十　男人不會老是要妳說我愛你，但是他們不能沒有妳崇拜他的眼神。

人說愛美和善妒是女人的天性，但男人的獨佔慾其實比女人還強。在情感表達上，他們被訓練得不能太直接、太感性，所以醋海翻騰時，通常也只會選擇旁敲側擊的方式。

如果妳愛他，就得學會聽出他酸話中真正的涵意，究竟是真的想把妳推向另一個人，還是只是想知道妳是多麼唯他獨尊？

另一種背叛

如果問的人並不是真的願意接受真話，又何必急著想知道對方的所有秘密？能做到不在乎過去的汙點和超越佔有慾，要求對方完全透明才有意義。

浩成是我以前的一位同事，好色是出了名的，偶爾也會講些風流韻事給我聽。

去年的某一天他跟我說，男人都喜歡聽話的女人，但是真正愛上一個女人，會不知不覺都聽她的。顯然，他遇到了會讓他乖乖聽話的女孩。

「她很正又性感，費了我好大的力氣才把到。」聽說那女人喜歡穿黑色繫帶細跟高跟鞋，腳踝上還刺著一朵玫瑰，為了她浩成連蓄留多年的山羊鬍和長髮都剪短了。但在那次對話之後，便很少有他的消息，一直到上個月，才突然知道他們已經分手的消息，問他怎麼回事，他說當面談。

見了面，真的嚇了我一跳，這傢伙雙眼凹陷，目光渙散，遠遠看上去像個難民，我是第一次看他這麼頹廢。他點起一根菸，彷彿要告訴我的事情無比沉重。

發現對方做過援交妹

「有一天，我在她床頭的抽屜裡發現一本小小的通訊錄，上面都是男生的暱稱，還劃滿了各種不同的記號。」聽到這裡，我大概已猜出他後面要說什麼。「最誇張的是，還看到當兵時一個朋友的小名也在上面。他叫小鐵。」浩成心想，應該只是個巧合，卻還是忍不住打電話問小鐵認不認識那個女孩。

果然，小鐵證實了他的臆測，浩成的前女友曾做過一年多的援交妹。小鐵還把之前她在網路上登錄的個人網頁轉寄給他看，不過他特別強調，和浩成的前女友並沒有作過交易，那一次剛好他臨時有事，雖然留了聯絡方式，也在電話裡聊過，卻沒有真的見過面。照片上只穿著小可愛的女孩的確是她，只是資料上的名字、年齡、三圍都是謊報，上面的手機號碼也不是他所熟悉的數字。「筱婕，二十二歲，三圍：三十四C，二十四……」浩成說他看著電腦螢幕，整個心都碎了。

「因為這樣就跟人家分手？」我問，畢竟那些都過去了。浩成像個小老頭嘆了一口氣，回答我：「不是我拋棄她，是她拋棄我。」

再也回不到過去

「知道了那些事之後，我也沒多說什麼。不管是什麼理由，什麼原因，都不想

再多談，也沒有去問她，就那樣過了快一個月，可是什麼都不對勁了！空氣變得很悶，在一起不再是享受，很多憤怒不知該往哪裡發，沒辦法再像以前那樣溫柔地對她，太多畫面在我腦袋裡流轉，心裡百味雜陳，本來她是我的女神，妳懂嗎？」我懂，他的前女友當然更懂，很快就察覺了他的異樣，所以選擇離開。

浩成又點起一根菸，深深吸了一口：「妳不要問我為什麼，男人就是會這樣。我很愛她，卻沒有辦法不去想那些男人在她身上做過的事。但是現在又很擔心她，好想她……」

我把目光撇開，不忍注視他泛紅的眼眶。知道他的艱難，也了解他的掙扎，最後，我還是答應他，願意陪他一起去找回這個讓他氣惱又心疼的女孩。

破除錯愛迷思

規則十一　神秘是一件美麗的晚禮服，但是妳不可能一直都穿著它。

規則十二　愛情是世上折舊率最高的東西，所以，好好記住它全新時的樣子吧！

浩成的故事，讓我想起電影《偷情》的情節。長期背叛戀人的男主角好不容易尋回離開他的同居女友，關係正要重建，卻因為不斷追問深愛他的女友到底有沒有跟他的情敵（他情婦的丈夫）上床，他像頭發了瘋的野獸咄咄威逼剛失而復得的女友一定要馬上給答案，在乎自己和情敵的戰爭甚於她的感受，甚至弄傷了她的手。

女友一心只想跟他在一起，只想重新開始，忘記過去的傷害，不明白為什麼前一刻才剛說愛她，下一秒就因為憤怒丟下她一個人在旅館自己出去買菸。

回來時她用極度失望且堅定的眼神看著他，告訴他已不再愛他了，在那之前，她願意為他付出一切。

他痛哭失聲，明白是自己的自私和不成熟搞砸了一切，這一次，男人是真的失去她了。

我常在想，如果問的人並不是真的願意接受真話，又何必急著想知道對方的所有秘密？能做到不在乎過去的汙點和超越佔有慾，要求對方完全透明才有意義。

Part 3 婚不婚有關係

適婚對象在哪裡

挑對象跟找工作一樣，對「眼高手低」的人來說都非常困難。不要一下子把標準訂得太完美，有一好沒兩好，保留一些成長空間等交往後再慢慢調整，會比預設非什麼樣的條件組合輕鬆容易許多……

有一對男女朋友剛從研究所畢業，一起走在馬路上，突然看見一輛很拉風的保時捷跑車呼嘯而過。

男生說：「開這種車的人，肚子裡一定沒有學問。」

他的女友則輕描淡寫地說：「講這種話的人，口袋裡一定沒有錢。」

雖然這是個笑話，但不禁讓我想到，台灣男人越來越晚婚或不婚，除了怕被綁約失去自由，「經濟壓力」的考量也是主要因素。

根據《三十》雜誌針對台灣未婚者所做的單身原因調查結果，「無交往對象」、「沒有機會認識異性」和「無適婚對象」排名前三位，其次才是經濟因素和不想被束縛。也有人是因為談過幾次很傷的戀愛，所以現在寧缺勿濫，寧願過著簡單的生活也不願心情起起伏伏。

擇偶條件不能彼此衝突

有位過去的同事已有十年沒有交過男朋友，她說這些年來一直處在「等待」的狀態下，現在已經快三十五歲了，真命天子依然沒有出現。她不想繼續單身，但看到一些朋友急著嫁，婚後問題一大堆，還是不敢太衝動，心中有許多矛盾又很

想突破現狀，寫信問我到底該怎麼做……

我必須說，婚姻市場的供需失調，很多時候是因為標準「太過理想化」，所以擇偶條件和心態必須重做調整。挑對象跟找工作一樣，對「眼高手低」的人來說都非常困難，所以我的建議是，不要一下子把標準訂得太完美，有一好沒兩好，保留一些成長空間等交往後再慢慢調整，會比預設非什麼樣的條件組合輕鬆容易許多。

所謂的「太過理想化」，不一定是指錢財、相貌，有時我們想找一個符合我們期待的理想情人，卻沒有發現在開列的條件中有許多部分彼此相互衝突，比方希望對方幽默風趣，卻又要求他穩重實在；不想跟公務人員或老師交往（嫌賺的錢不夠多），又渴望能有安全感和另一半不常加班；不希望對方太悶、太宅且要見過世面，又不能接受他的工作必須經常出差；不能接受獨子或對方家族太大，卻也不想嫁給一個不孝順性格又乖僻的男人……

很多女生說她們有時也受不了自己挑三撿四的嘴臉，卻不願意降格以求，最後

只好不斷安慰自己：「沒辦法，就是沒有遇到適合的。」如果妳一直用錯誤的期待在找一個體貼多金、身材好又幽默的完人，找到的機率當然比中樂透還低。

男挑相貌，女選錢財

記得有句話說：「婚姻的真諦不是『找』一個合適的對象，而是想辦法讓自己『做』一個合適的對象。」或許真正讓許多人單身的原因，是因為大家都是不停地在「找」或「等」那個對的人，有的人找到了，後來還是失去了，還有些人始終在等。

有一回演講之後，有人問我，男人都想挑個有著名模臉蛋和身材的老婆，女人則希望能找個像郭×銘般有錢的老公，這樣怎麼找得到交集？只有有財力的男人「行情好」，一般的薪水男只能等著娶外籍新娘，哪還能「做」什麼準備？

在選擇對象時，男人多挑相貌，女人多選錢財，這沒什麼奇怪，東西方皆然。

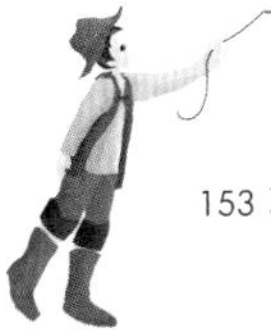

但如果女人沒什麼一技之長，卻整天只想著自己長得也沒有比曾×瑩差，為什麼就是沒有富賈愛上妳？或是一個月收入只有三萬元甚至還有卡債的男人，卻整天想找個林志玲型的女伴，當然永遠都找不到適婚的對象。

如果妳不能加強或改變本身的競爭力，我還是會勸妳重新設定擇偶標準。

愛要積極，主動出擊

妳說妳受不了身邊那個同事，相貌平平又沒什麼內涵，男友卻一個換過一個，最近還跟一個才交往一個月的ABC閃電結婚，為什麼像妳這樣秀外慧中又乖巧善良的好女孩卻長年獨守空閨，週五的晚上從來沒有人來約，男人都瞎了嗎？好不容易遇到了心儀對象，對方卻沒有半點回應，甚至挑了一個妳覺得不怎麼樣的女人廝守終身……

這是另一個我要提醒的重點，很多女人都抱著「只要對的人出現就會想結婚」

的心態，問題是，當這個人出現時，真能把握住機會？能引起對方的興趣和注意？「不夠積極」和「太理想化」讓許多單身者錯失良緣。

那些先標走好男人的女人，也許只是比妳敢表現自己、敢主動出擊、追求自己所要的，或是，比妳更早清楚自己要什麼。

不想讓幸福擦身而過？在等待的過程中，想婚的單身者還是有很多事可以做，包括挑對象的「眼光」（辨識能力），還有擴展生活圈的動力、創造更多交友機會、參加一些真正對兩性相處有幫助的講座。

對愛情有準備的人，不會老是說「一切隨緣」，更不會在合適對象出現的時候突然無所適從，眼睜睜地看著人家嫁娶別人。別忘了，機會總是屬於準備好的人！

酷妮可娃 限時批

聽過太多的人都說他們在等，等那個會死心塌地疼她、愛她的人，等那個世上唯一契合的靈魂。

對啦！要結當然不能亂挑，但是大部分的人想的都是自己要什麼、喜歡什麼樣的類型，卻很少人思考自己有什麼可以為對方的人生加分。

幸福不是理所當然，這麼多人尋尋覓覓，如果只是抱著一個夢，什麼也沒做，幸運之神會先去敲別人的門。

「潛力股」勝於「績優股」？

投資的風險取決於對投資的認識，婚姻的風險則取決於識人的功力。到底「潛力股」還是「績優股」好？挑了績優股不見得就是少奶奶；持有潛力股，也難講會不會磨掉半條命……

和單身想婚的熟女聚會，話題常會不知不覺聊到三十歲以上的女人該如何找到好對象。經過一番熱烈的討論，最後的結論總是——「非常困難」。

粉領族普遍晚婚，原因之一是現代的女人越來越會賺錢。根據主計處的統計，

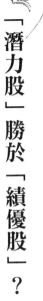

二〇〇七年台灣女性的平均月薪已超過三萬九，比十年前增加了四分之一，這自然也影響到擇偶標準。

不管是輕熟或是重熟女，大多已有個人穩固的事業和生活習性，姑且撇開學歷、收入、身高均優的「三高男」不說，至少也冀望對方有些經濟基礎、會照顧自己、外型不要太差，最好彼此興趣相投、能給對方自由空間，還要不會劈腿、願意做家事……等等，這類「多功能」的好男人，就像稀有且可遇不可求的「績優股」，但熟齡粉領族還是堅持不輕易妥協，非要等到心目中真正的「績優股」出現才會考慮披嫁紗。

男人可以調教？

不過，熟女R倒是有不同的看法。她說，既然找不到這種「績優」好男人，不如尋找可塑性強的「潛力股」，在交往過程中慢慢調教他，將「潛力股」改造成

我們期待的樣子，因為男人其實是可以調教的，只看妳願不願意和會不會教而已。

也是一條出路沒錯，不然也不會有那麼多的「姊弟戀」。不出所料，熟女R正在和一個小她十歲左右的「底迪」交往。不過熟女S馬上提出了反對論點，因為嘗試過，而且打死不會再找一開始就覺得不太OK的男生。

「真的是夠了！」她說，「大家上班已經很累，工作壓力已經夠大，沒有那麼多體力和時間花在慢慢調教誰，而且還會被搞得很火。」

戀愛像投資

抱持「戀愛像投資」觀念的人越來越多，就算不為麵包和飯票，也希望各方面有所成長或有其他精神心靈方面的「獲益」。不論男女，如果沒有競爭力，連「潛力股」都談不上，可能會慘遭提早下市的命運。

先不管潛力股的風險，我比較好奇的是，是否可塑性強，可被調教改造的「潛力股」男一如熟女R所言，果真為數不少？如果「潛力股」男真的比「績優股」男容易找，就真的是單身粉領的福音啦！依我個人的看法，我相信「潛力股」真的不少，更何況，超強勁的熱門「績優股」，也不是人人可以持有。

投資不等於投機

前陣子有篇〈怎樣才能嫁給有錢人〉的文章，在網路上流傳得沸沸揚揚，一個紐約女孩上網問在哪些地方比較可以遇得到有錢人。華爾街金融家的答覆提到一個重點：「勸妳不要苦苦尋找嫁給有錢人的秘方。順便說一句，妳倒可以想辦法把自己變成年薪五十萬（美金）的人，這比碰到一個有錢的傻瓜的勝算要來得大。」

眼光高絕不是什麼壞事，但一定要先掂掂自己的籌碼。不單是經濟能力和社會

條件，還有本身的個性、生活品味及溝通能力等等，既是競爭條件，也是妳永不貶值的「真本錢」。

如果說投資的風險取決於對投資的認識，婚姻的風險則取決於識人的功力。想找「潛力股」，「眼光」一定要準，萬一踩到個「地雷股」，一輩子的幸福就毀了。

到底「潛力股」還是「績優股」好？挑了「績優股」不見得就是少奶奶；持有「潛力股」，也難講會不會磨掉半條命。所以還是要多了解自己，先判斷自己屬於「積極型」還是「保守型」再做決定。

那些願意挑選「潛力股」的好姊妹們，我得向你們致敬，因為你們不炒短線，願意耗時費力耐心塑造自己的理想對象，明白「投資不等於投機」，既能和另一半同甘，也能與對方共患難。

雖然愛情詭變多端，情場局勢也難以逆料，「潛力股」仍是想婚粉領一個不錯的選擇。

酷妮可娃 限時批

常覺得奇怪，為什麼婚姻大事這麼重要，人們在這件事上願意花的時間卻是那麼的少。甚至很多人將它的順位遠遠擺在財富、休閒、朋友和家人之後。

正因為沒什麼時間和愛人相處，也不願花太多時間溝通，所以大部分的人都只想找個「現成的」如意郎君或是美嬌娘，省得耗時費力還要冒著被折騰的風險。

我自己挑的是潛力股，雖然過程比較辛苦，無形的投資獲益卻遠超過當初的想像。所以看人不是看現在，也要相信因為有你的愛，潛力股終有一天可以一飛衝天。

媒婆不是人人都可以當

若是想婚的人本身的交際圈不大，對認識異性的態度被動又愛耍懶，有熱心人士幫忙過濾篩選未嘗不是件好事，可以當做一個不錯的交友管道。但是當媒婆這檔事，可不是人人都可以勝任的……

有個讀者開心地寫信告訴我，她就要和相親的對象結婚了。信中大大讚揚「相親」的好處，強調因為對方人品和背景都已被媒人打聽清楚，資料不容易作假，有親友先篩選過，比較有個保障。

不過我身邊的單身朋友多半都不是很喜歡相親，有些人甚至非常排斥。一方面不喜歡那種刻意安排和論斤秤兩的感覺，有個朋友直接形容相親大會像「人肉市場」；一方面認為，一開始就以結婚為前提實在太目標導向，就算介紹人將對方條件描述得再怎麼優，也都只是旁人的主觀看法。更多的人是因為既成觀念而遠避此道，「都什麼時代了？還靠這種農業時代的方式找對象，未免也太可悲了吧！」覺得自己的「行情」應該還沒那麼差。

我想討論的重點倒不是「相親」的優缺點。對相親我沒什麼特別的意見，若是想婚的人本身的交際圈不大，對認識異性的態度被動又愛耍懶，有熱心人士幫忙過濾篩選未嘗不是件好事，可以當做一個不錯的交友管道。不過有人要和相親的對象結婚這件事，倒是使我想起自己已有許久、許久不再扮演介紹人的角色。到底為什麼？以下來說說媒人不好當的幾個原因：

一、古道熱腸還不夠

只要是曾經因為想做點好事或有一陣子吃飽太閒而想幫人牽線的人，應該都知道，這檔子事沒有想像中那麼容易。就連陶子這種口若懸河的名嘴，也自稱從沒有幫朋友湊對成功過。

雖然小時候的我就很熱心公益，大學時代也常搞活動辦聯誼，工作後甚至有好幾年週休假日的節目安排，不時忙於將「自己用不到的好貨」介紹給麻吉；這些年有不少讀者或網友希望我幫忙介紹婚友，但限於時間和體力，加上兩性方面的廣泛接觸，越發覺得媒婆不是誰都可以當的。

光靠滿腔熱血、交遊廣闊、個性雞婆……這些還不夠，想想看，有時候連生日或某些重要紀念日我們想把不同圈子的朋友兜在一起都已經困難重重，更何況要幫不同類型、不同喜好的曠男怨女送作堆？

二、擇偶條件常誤導

還有一個重要原因，是很多人根本說不清楚自己到底要什麼，卻老是要別人幫忙介紹。說不清楚也就算了，還常常開些與真實情況相違的條件。明明要找身高一七八以上、工作要掛個「師」字輩的男人（律師、醫師、會計師……），卻說「只要對方真心疼我、愛我就可以了！」；或是明明只喜歡D罩杯又會ㄋㄞ的辣妹，卻說他的擇偶條件「只要可以看，是個女的就行」……為了這些描述不清或亂說一通的男人、女人奔走瞎忙，不是浪費時間？倒不如在家刺繡彈琴打毛線。

現代媒婆除了時間要多、體力要好、EQ要高、人脈要廣，還要有鐵人般的堅忍意志（成功機率比樂透中獎率更低）。無怪乎這苦差目前似乎只有交友網站和婚友中心較能勝任。

三、不能亂點鴛鴦譜

好吧！就算真遇到個終於搞清楚自己真正要的是什麼，有個女性朋友斬釘截鐵

地說：「這次我想清楚了，決定找個願意靜靜在旁邊陪我、聽我的男人。」手頭上也正好有個符合條件的人選——還真有個「想靜靜陪在喜歡的女人旁邊聽她、寵她」的男人，但這樣就真能介紹嗎？

單以這兩人的情況來說，雙方的交友經驗和生活閱歷差之甚遠，工作性質、興趣、個性……也都八竿子打不在一塊兒，更重要的是，女方的收入和正式交往過的人數幾乎是男方的三倍（非正式交往的不算），這……這能硬湊嗎？

你說，感情的事很難講，何必先預設立場，先介紹了再說，搞不好一拍即合。但經驗和直覺一再告誡我，這位熟女朋友是要找個「有趣、話又不多」且見過世面的男人，這對幼幼班的木頭男來說難度實在太高，真的連試都不用試。也許談個小戀愛沒什麼問題，如果是想找結婚對象，女方可能會怪好友怎麼幫她找了個生活還要靠她接濟，又娘里娘氣的「小朋友」。

還有一些眼睛長在頭頂上的怪叔叔的例子更不勝枚舉，不但要調查人家祖宗八代，還想要女方近幾年的健康檢查報告。

親愛的，不要再問真命天子（天女）到底在哪，也不要再說「反正有緣一定會遇到」，想早點找到心目中理想的阿娜答？先把真正適合自己（而不只是會煞到的那種）的對象特質「完整並實際」地想清楚、講清楚再找人幫忙，成功機率會更高！

酷妮可娃 限時批

愛情這東西既美妙又微妙，我喜歡看人談戀愛，更喜歡有情人終成眷屬，雖然嘴上嚷著再也不想當媒婆，心中仍不時出現一些O.S.：那個某某某，若是脾氣再好一點，或許跟那個誰誰誰可以試試看；那個××，若是能再爭氣一點，不要老是那麼愛靠腰，把他介紹給○○○，應該是很不錯……。想來想去，就寫了這本書。

也許幫看完它的書友們穿針引線湊對，媒人們會比較有成就感喔！

網戀相親停看聽

網路交友和相親聯誼，都是一種流行的都市戀愛文化。光看交友版上吹噓得天花亂墜的自我介紹挑對象，風險實在太高，照片和文字再怎麼誘人，PO在上頭的商品簡介也只能做個參考。網戀似幻若真的感覺不能太當真，交往需要很實際的相處……

曾經看過一則笑話：斑馬深愛著小鹿，表達愛意時卻遭到拒絕。斑馬大吼：「為什麼？這一切都是為什麼？」小鹿膽怯地說：「我媽說紋身的都是不良少年。」

蜘蛛深愛著螞蟻，表達愛意時卻遭到拒絕。蜘蛛大吼：「為什麼？這一切都是為什麼？」螞蟻膽怯回答道：「我媽說成天掛在網上的很多都是怪人……」

雖然網路上怪人很多，網路交友和相親聯誼，都是一種流行的都市戀愛文化。不只年輕美眉愛玩，好幾個熟女麻吉也已經把「見網友」和「見親友介紹的朋友」當做假日的休閒和社交活動。

年逾三十仍如閒雲野鶴的凱麗，只要假日一留在家裡，父母就開始嘮叨。為了讓耳根子清靜，只好勉強答應接見幾個親戚們熱情推薦的各路才俊，沒想到一起了頭就沒完沒了。古道熱腸的媒婆們越來越多，就這樣一年內陸陸續續相了將近二十次親。有姑姑好友的小孩，也有同事老公的死黨，甚至連里長留學回來的兒子也見了。上一篇有談到相親也是個不錯的交友管道，但似乎不是每個人都懂得相親和見網友的社交禮儀。

傲慢男沒人理

「有了金錢和社會地位，再醜的男人說話都敢大聲。」是安婷相親的最大心得。「三高女」安婷，接觸到的男人多半是高薪的留美碩士或科技公司的中級主管，她卻發現這些人的言行舉止之間常不經意流露出一種狂妄。

「有些人根本不像是來相親，說是選妃還差不多。他們認為自己是最有價值的單身漢，晚婚是他們的驕傲，所以每當遇到年齡和自己差不多的女子，就會覺得自己比女方佔優勢。」安婷很清楚和這樣的男人沒什麼搞頭，因為他不太可能願意為了配合對方而改變自己。

君薇也覺得，「一直想表現出自己很有錢的男人最讓人噁心。」有一次她和一個處處想強調自己身價的男人約會，那男人居然在她上完洗手間回座位時，故意練習高爾夫球揮桿動作，接著又拿出百萬球證來炫耀。

「真的很做作耶！」君薇說。刻意展現「經濟實力」，似乎是許多男人約會時

易犯的毛病。雖然錢和事業成就是男人的膽，大部分的女生還是希望男人說話實在點。

乖寶寶沒獎品

妮可不太相親卻熱衷網路交友，但網友見的越多，就越加感到要覓得理想男人的希望更加渺茫。「有幾個本來在網路上聊天的感覺還不錯，一見面就突然覺得很倒胃口。」

其中一個讓她想逃之夭夭的對象，是一個在國外生活過五年、言談間不斷提起「我在×國時」如何如何的帥哥。

「這傢伙不管做任何事、去任何地方，都要拿來比較國內外差距，話題單調又無聊。」妮可幾次和網友見面沒多久就想走人，都不是因為對方長相或打扮，而是因為沒辦法忍受男人太愛吹噓和裝模作樣。

除了不喜歡驕傲豬頭，單身熟女還怕遇到喋喋不休的阿伯。「很多男人比女人還愛長舌，不太會講笑話沒關係，一見面就高談闊論，講些人生大道理，那真的比口臭還嚇人。」妮可說。

還有一種會讓熟女怕怕的是幼稚園寶寶。君薇曾經向我埋怨有個網友浪費她好好一個週末夜，「我的媽呀！他一句調情的話都不會！」這男人從來沒有交過女友，約會時非常緊張，「只是打扮得稍微性感，他就有點語無倫次了，一直掉東西還打翻了水杯……」姊姊們不喜歡呆頭鵝，更沒有有興趣為三十歲的幼幼班北鼻「指點迷津」。遇到不會找話題、口齒不清又喜歡一直追問無聊問題的菜鳥，寧可回家看旅遊生活頻道「帥哥廚師到我家」。

年輕咩怕娘男

那年輕正咩最怕遇到什麼樣的男網友？二十三歲的小涵說，她不跟沒想好兩個人要去哪裡的男生約會，如果見了面男生還一直問她想去哪？絕對不會再有下一次。「因為這種問題不應該丟給女生。」她喜歡男方有用心先想好幾個建議再詢問她的意願。

不只熟女不喜歡幼幼班，二十五歲的瑋瑋，也受不了不敢看著她說話、膽子很小的男生。「太娘的男人沒辦法讓人有feel啦！」她說，男人要有堅定自信的眼神，才能讓女人信賴。

不管透過什麼媒介認識新朋友，終歸要見過面才知道關係能不能進一步。光看交友版上吹噓得天花亂墜的自我介紹挑對象，風險實在太高，照片和文字再怎麼誘人，PO在上頭的商品簡介也只能做個參考。在日文中，「相親」的漢字是「見合」，既然要見過才知道合不合、有沒有下一步，第一次約會就絕對不能出槌。

男士們別說哪這麼麻煩，那些刁鑽又難搞的女人，嫁不出去活該。女生當然也有很多壞毛病，我在第一單元中已寫過不少，不過因為喊著娶不到老婆的男人比

想嫁的女人多，所以我會提醒想婚的男人：找女伴不能靠「虛張聲勢」。太裝腔作勢和故作姿態，只會讓人覺得像在看小丑表演。

而想婚的女人也要切記，網戀似幻若真的感覺不能太當真，交往需要很實際的相處。想早點找到「一起慢慢變老」的伴，得先學會當個不會「一愛就笨」的女人。

酷妮可娃

限時批

我沒相過親，倒是因為採訪，許多不同來路的網友變成真實世界的朋友。網友真是無奇不有，跨越了時空限制，很多不可能變成可能，但也因為匿名特質，在這奼紫嫣紅的虛擬世界背後，充滿著各種桃色陷阱不少已婚男佯言單身，不透過實際接觸，又沒有共同的朋友可以求證，很難探知對方真正的底細。

不管是透過親友還是網路，都需要會識人，見的人多不表示就會看，最好還是不要太急著見面，多了解對方和考驗他的耐心，也多給自己一些時間保持冷靜。

是恐婚還是不婚

有幾種人不太適合婚姻，一種是太浪漫的人；一種是太貪心的人；還有一種是搞不清楚自己要什麼的人。如果以上你都不是，我會衷心祝福你早日找到那位能讓你義無反顧、願意陪他到老的生命伴侶。

「那些說只想喝免費的牛奶而不願買頭母牛回家的男人，實在是太搞不清楚狀況了，他們不知道，我們也不需要為了一根香腸而買回整隻豬！」這是一位選擇獨身的「海蒂族」朋友依莎說過的一段話。

去年耶誕節，依莎自己買了機票到紐約跟朋友一起過耶誕和跨年，雖然目前沒固定男友，可是日子過得開心又隨興。「現在一個人想做什麼就做什麼，想去那就去那。想睡就睡，想吃就吃，想玩就找幾個朋友一起出去瘋一瘋……，更重要的是，高興想跟誰就跟誰交往，完全不需要經過誰的同意。」她的心裡很清楚，像自己這麼重視個人空間的人不太適合結婚。

不婚主義者通常不在乎外界的眼光與他人的期待。「如果人生像端午節要包粽子、中秋節要吃月餅一樣按照節令走，到了一定年齡就要結婚，不是很無趣嗎？」剛過完三十三歲生日的依莎說。

我有許多像依莎這樣，生活優渥、不想生小孩，喜歡一個人旅行，擅於獨處且非常享受目前單身生活的女性朋友，不依賴誰，更不想照顧還沒完全長大的「媽寶」型男人。她們認為生活或是精神上，都可以把自己照顧得很好的男人非常少。

同樣地，我也認識不少條件真的不錯的黃金單身漢，就像阿部寬所演的「不想

結婚的男人」，又品味又會作菜，一點都不像王老五，把自己打點得非常好。他們認為婚姻是男人因為下半身衝動，和為了證明自己的勇氣所做出的最大愚行，絕對不允許任何女人來弄糟自己的生活。

大部分的人都認為，這些不想為了喝免費的牛奶而買頭母牛回家的黃金單身漢，和覺得自己不需要為了一根香腸而買回整隻豬的海蒂女人，只能彼此當朋友，卻沒有辦法一起生活。但最近我卻發現，有越來越多各有天地看似完全不可能的組合，再過了三十五歲之後，卻彼此擦出愛的火花。

到底是真的不想結婚，還是結不成婚？我發現還是後者居多。不婚或可婚、可不婚的人可分為兩種類型，一種是「太理性」，一種是「太隨性」。隨性的不婚族，有不少是因為長期單身，習慣獨居之後從晚婚轉成了不婚，而理性的不婚族，大致可歸納出三種心態：

認為愛情不需要證明

除了不想因為年紀到了就隨便找個人嫁，獨身主義者認為婚姻不是證明彼此愛情深度的唯一方式。「不想步入禮堂，並不表示不愛對方，愛一個人和與對方共組家庭是兩碼子事，不該劃上等號。」在廣告公司當美術設計的蓓琳說。

「剛過三十歲時，也想過有個伴侶可以一起分享悲喜、廝守終身還不錯，可是那種兩個人的關係才剛穩定不久後，就急著規劃未來的感覺，實在讓人受不了，好像一定要打下契約和願意幫對方生小孩，才能證明自己有多愛他；避而不談，對方就覺得自己有所保留。難道和異性交往不能不想未來，不做任何計劃嗎？」

不但有人覺得婚姻與愛不愛沒什麼關係，認為婚姻的本質只在合法延續物種的男性也時有所聞。

對婚姻缺乏信心

「我不相信結婚是開啟幸福大門的鑰匙。」或許受到父母離異的影響，瓊儀對婚姻毫無憧憬。「親友們問我擔不擔心老的時候太孤單？拜託！現在離婚率那麼高，以後離婚單身的朋友也會很多，到時候大家互相照顧作伴就可以了。」

曾經逃過婚的朋友湘茹則說：「只要一想到要跟一個人同床共枕三十年、五十年，就覺得頭皮發麻。誰知道枕邊人的腦袋裡到底在想些什麼？」

不想失去自由

不只男人害怕失去自由，女人也怕責任的壓力。「好幾次，我已經有了想嫁人的念頭，對象的條件也還不錯。但一想到每天下班拖著疲累的身體回到家，見到家裡的另外一個人時，可能不是喜悅而是壓力，就會馬上踩煞車。」曼如拒絕過

好幾個男友的求婚，說自己是一個很容易醒的人。「就算遇到一個人好像是我的Mr. Right、愛得再死去活來，還是沒辦法就這樣往海裡跳，總覺得似乎還沒有好到那種可以許諾終身，拿一輩子的幸福作賭注的程度。」

相信上面的這幾種說法你都聽過，甚至本身也有這些想法。很多人都跟曼如一樣，當認真考慮到婚姻裡的責任、細節，和可能要放棄某些東西時，一經理性評估便會失去勇氣。的確，婚姻的承諾，不是男女之間覺得找到失落的另一半、彼此有很強的吸引力和相處愉快就能給予的。

有人說不婚可以有一百個理由，但是結婚只需要一點衝動，我覺得只說對了一半。如果不是心甘情願，盲目走進婚姻的人必然會時時感到水深火熱，也無法享受委身帶來的平靜安穩。

有幾種人不太適合婚姻，一種是太浪漫的人；一種是太貪心的人；還有一種是搞不清楚自己要什麼的人。如果以上你都不是，我會衷心祝福你早日找到那位能讓你義無反顧、願意陪他到老的生命伴侶。

酷妮可娃 限時批

以前提到結婚，想到的是「天長地久」；現在一聽到有人要結婚，大家直覺的反應已是「能撐多久」。為什麼會這樣？

因為婚姻的挑戰越來越大。我選擇婚姻不是因為時候到了一切理所當然，更不是因為孤枕難眠或想找張長期飯票，從前面的文章中，讀者應該看得出我正在鼓倡一種新時代的婚姻觀和新婚姻生活模式。

沒有想說服誰非婚不可，我也很為懂得享受獨身和樂於繼續單身的人開心，只是想告訴對婚姻有恐懼的人，它並非可怕的洪水猛獸，其實獲得的遠比失去的多。

真了解愛情的人，不會說婚姻是戀愛的墳墓；真了解婚姻的人，也絕不會擔心愛情會褪色或磨損。

到底應不應該先試婚呢？

同居者和試婚過的人離婚率比直接結婚者高出許多，而且比直接進入婚姻的夫妻更容易發生衝突和有性焦慮。沒有承諾，雙方都還是會有所保留，隨時準備抽身，和立約結盟、願意不離不棄一起面對一切挑戰的態度截然不同……

有一天和幾位單身女友聚餐，話題聊到如果同時出現兩個條件都頗優的追求者，會挑哪一個男人？大家在意的點既不在誰的經濟實力強，也不在哪個學歷身高比較傲人。有人說看看哪一個跟她的家人處得比較好，有人說會以和哪個男人

生活比較有趣做選擇。還是剛和同居男友分手的答案最直接也最勁爆：「哎呀！當然是選性能力比較強的那一個！」大家七嘴八舌的附議，對啊、對啊，這個很重要，一定要先「試用」過才行，萬一在婚後才發現對方不能人道可就虧大了。

記得在報上看過一則讀者投書，說她的同事和一個男人交往一年後步入婚姻。誰知婚後，同事臉上的笑容越來越少，經過再三追問，才哭著說丈夫無法做那件事，也拒絕就醫，幾個月後兩人離婚了。投書者認為同事就是壞在婚前沒有先試用。

試用結果並不準

雖然「性生活不協調」總在各種離婚原因調查排名的前三位，我還是要說，許多夫妻的床笫關係出問題，和尺寸大小及能力強弱其實毫無關連。

這些年我看過太多性事不協調是發生在結縭多年，或小孩出生之後（婚前和新婚初期都很OK）的案例，多是因為壓力或情緒等心理或感情因素影響性慾和反應，就算婚前同居過也還是可能發生。

信任不夠找退路

有些女生不贊成同居，卻堅持一定要試婚，認為同居是逃避責任只想及時行樂的人幹的事，試婚至少是以結婚為前提。

一份有關婚姻態度的網路調查顯示，七年級男、女贊成試婚的比率竟都高達五成以上，贊同者的心態多是認為在婚前預做一些生活上的模擬和測試，萬一不合還有個後路可退，既可避免誤上賊船和結結離離的麻煩手續，也減降結了又離帶來的傷害。

也有人說：「一定要先趁試婚觀察對方的生活習慣，畢竟有些人太會裝了。」

反對者則認為試婚好像彼此信任感還不夠，既然無法互信，為何要論及婚嫁？而

且於法無據，容易產生金錢糾紛。

我的重點倒不在試婚和同居哪個好，或同居是不是女生比較吃虧？而是這個看起來好像多一層防護的做法真的比較有保障嗎？仔細查了國外的一些研究資料，發現同居者和試婚過的人離婚率比直接結婚者高出許多，而且比直接進入婚姻的夫妻更容易發生衝突和有性焦慮。

太多情境難模擬

為什麼婚會越試越糟？道理很簡單，如果有先試試看，不合則退可以省些麻煩的想法，就如同要去打仗，還沒打就覺得可能會輸，信心、決心都不足怎麼可能會有勝算？婚姻中有太多突發狀況和變數不是靠試婚就能估測，比如婆媳相處、子女管教、中年危機或財務管理等問題，穿雜著時空因素，短期住在一起根本難以一窺究竟。

沒有承諾，雙方都還是會有所保留，隨時準備抽身，和立約結盟願意、不離不棄一起面對一切挑戰的態度截然不同。

記得曾經問過一個正在試婚的朋友小魚有沒有安全感？她說其實很難說，可以說有，也可以說沒有。反正她對愛情的未來一向都不是很樂觀，所以會告訴自己，失敗也沒關係，即使沒有結成，至少生活也不會變得更差。

不過為了保持當天的用餐氣氛愉快，我可沒不識相地吐姊妹們的槽，也沒有提起小魚說的話，只是推薦大家去看「結婚糾察隊」，順便再講幾個婚後多年才出現性無力的真實故事當八卦。

酷妮可娃 限時批

婚不婚的差別真的只差在一張紙？這一點見仁見智。說真的，如果有把握、夠篤定，又何必怕簽約？許多冠冕堂皇的說法，無非只是想遮掩逃避責任的藉口。

躍躍欲試、被愛沖昏頭的人，在衝進圍城之前必須先看清楚它平實的本質，那些提到婚姻會微笑的夫妻都深知婚姻生活難免有高山低谷，他們看重婚約，是因為明白承諾的意義和患難時不離不棄的珍貴。

婚前契約

有人一聽到要談婚前協議就說是在「唱衰」婚姻。如果一般人能接受保險的觀念，為什麼不能將婚前協議視作幫助已婚者更能享受婚姻生活的必要預備動作？

「用IQ談情，用EQ談愛」，在浪漫許諾婚約的同時，當然也可以理性地規劃未來。愛情不能保障婚姻美滿，但是愛情加上了理性卻可以……

「前陣子我遇到了一個很不錯的男人，很陽光，也充滿包容性，各方面都相當適合我。跟我的興趣、喜好都很相近，對女性很尊重也很浪漫，滿足了我所有對愛情的幻想，完全符合我的需要，可是我跟他還是撐不過一年，因為一討論到未

來就會發生爭執，想法差異很大……」

這是一個朋友寫來的信，反應出許多單身想婚者常遇到的共同難題，好不容易找到了夢中情人論及婚嫁，卻因為某些想法上的歧異而「婚不了」。前面談了許多有關如何找對人和心態調整等基本預備，接下來要提出要打贏幸福聖戰更具體的配套措施：婚前協議。

你一定覺得很奇怪，既然我說試婚不能降低風險，也不能帶來幸福的保障，那婚前簽訂的協議還不是一樣？我可以告訴你，光是法律上的意義兩者就差很多。試婚和同居沒有法律效力，一旦發生財務或其他糾紛，只能自己看著辦，但是婚前協議書只要在律師面前簽署或送交法院公證，甚至直接加註在結婚證書上，就有法律保障。

有沒有差？當然有。我覺得協議是因應社會結構的正面做法，e時代的夫妻，溝通相處時間比以前少，容易有爭議的部分應該提前談，可以減少許多不必要的摩擦，絕不是人們誤以為的：還沒結婚就在談離婚。

婚姻不能只有浪漫沒有理性

好萊塢很多影星都簽過婚前契約，湯姆克魯斯和凱蒂荷姆斯還曾因為婚前契約沒談成而延後婚約，不少國內藝人也趕此潮流。我所鼓勵的婚前協議比較不是針對離婚保障，而是指現代婦女基金會所公布的婚前契約，主要針對婚姻過程中可能發生衝突的爭議點先做討論，比如夫妻住所、夫妻財產制、家務分工、家庭生活費、子女管教問題等。它是建立在男女互信的關係上，彼此關懷體諒，而非單單追求個人的利益。

我從不認為兩個獨立的男女無法創造很棒的婚姻生活，但婚姻不能只有浪漫沒有理性，來自不同家庭背景的兩方當然有很多細節需要溝通和協商。看過太多年輕的夫妻為了家務分工，或是婚後要住哪裡爭吵不休，甚至為了財產制和零用金問題鬧得不可開交。有些人不能忍受丈夫原本答應婚後不跟父母同住，新婚不久後又反悔……

可以把「昏頭」的小倆口拉回現實

任何小事累積多時都可能成為離婚的導火線，無怪乎經常處理離婚訴訟的律師們都認同「婚前協議」可以降低離婚率，將許多「昏頭」的小倆口拉回現實。而且他們建議想婚、待婚的人多去問問結過婚或是再婚的人，那些婚姻發生過糾紛或再婚者多半都贊成先做好婚前協議，因為這些人已不會對婚姻有過多錯誤的期待，也明白夫妻失和往往就從小事開始。

也許有些人會質疑婚前協議討論的內容太瑣碎，夫妻之間小到家事分配這種事都要先談，未免太計較，那還有什麼未來？老一輩的人認為夫妻又不是外人，還要簽契約，未免太傷感情也不信任對方。坦白說，如果真的希望下一代婚姻幸福，就會明白這不是不信任和計較，不只保障妻子，更尊重丈夫的權益。

不懂為什麼，有人一聽到要談婚前協議就說是在「唱衰」婚姻。如果一般人能接受保險的觀念，為什麼不能將婚前協議視作幫助已婚者，更能享受婚姻生活的

必要預備動作？

用IQ談情，用EQ談愛

理想情人不等同於適婚對象，所以雙方要先明白結婚的真諦，再來談婚前協議才容易達成共識。

這些年來面對形形色色的兩性問題，給準新人的建議就是「先別管那些婚紗攝影和宴客事宜，當務之急應該先去上上婚前輔導課」。如果你已經看過「結婚糾察隊」就知道，婚前輔導可以讓準新人冷靜、重新認識彼此，過程中會模擬許多特殊情境讓準新人思考，甚至讓已同居的雙方仔細考慮，到底是不是真的愛對方和適合進入婚姻。

我贊成婚前輔導和婚前協議主要有兩個原因，一方面它可以讓戀人不要因為昏了頭而惡搞；同樣的它也可以讓一對怨偶在婚後衝動想分開時，發揮冷靜作用，

和試婚是本質完全不同的兩碼子事。

我一向主張「用ＩＱ談情，用ＥＱ談愛」，在浪漫許諾婚約的同時，當然也可以理性地規劃未來。愛情不能保障婚姻美滿，但是愛情加上了理性卻可以。也許你不認為婚姻是愛的見證，更不信任那張紙，但真正想婚的人一定要了解，婚約不能不建立在雙方都了解婚姻價值的前提下，而婚前輔導和婚前協議，絕對能幫助準新人創造比單身時更美好的生活！

酷妮可娃 限時批

在寫這篇文章時，自己都覺得有點煞風景，好像把婚姻講得很不浪漫。但你只要想想先進國家雖然有很多規範，但社會福利也非常好，就多少能明白我所要表達的意思。

先搬開那些會影響夫妻感情的大石頭，你們會發現，縱然有風雨，這條路並不像人家說的那麼顛簸和崎嶇。

已婚熟男比較懂女人嗎？

真要說已婚男比單身男多了點什麼，應該就是女人們很難抵抗已婚男人火力全開時的柔情攻勢。在鎖定獵物後，他們對女方的照顧通常會比單身男人更貼心周到，原因無他，因為知道自己的已婚身份隨時可能曝光，必須把握機會及時行樂……

前幾天整理一個舊的電子信箱，正好看到兩封讀者寫來的信都和愛上已婚男人有關。

一個說，「最近愛上了一個不該愛的人，兩人都付出了感情，在一起一陣子之

後才發現他有老婆，或許這個男人很不該，當時也很氣憤，卻又捨不得離開他，因為他對我非常好……該怎麼看這件事？我這樣算是被耍了嗎？」

另一個更嚴重，還打算為對方生孩子。「忽然間發現自己愛上了一個已婚男。我的內心很掙扎，因為我實在不想破壞人家的家庭當一個第三者。我們已經發生了超友誼的關係。最近他跟我說，如果我『有了』，他就結束他們的夫妻關係，然後給我跟孩子一個名份。他的妻子不想生，但我跟他都很喜歡小孩，請問……我很愛他，我可以相信他嗎？感覺他也還是很愛他的老婆，那我呢？只是他無聊寂寞時的紅粉知己？如果離開他，我會很痛苦，我該怎麼辦？」

明知不該卻又離不開

單身女愛上已婚男的案例不勝枚舉，有些是透過網路交友，根本不知道對方已婚，男方也佯裝單身。沒把已婚身份先說清楚是一種欺騙，不但欺哄了新女友，也不斷欺騙自己的妻子，但一個願打一個願挨，明知被騙或被耍，很多人還是選擇繼續當小的，因為裡面一直有個裝肖維的聲音告訴她：只要再忍一忍，總有一天對方會為了她離開原配，或是不斷催眠自己，現在這樣也很好，不要想太多……
……

我遇過很多很多「不小心」成為第三者的單身女，甚至輔導過對岸愛上台商的大陸女孩。和上面兩個案例的苦主一樣，都在「明知不該，卻又離不開」的矛盾中掙扎。她們身心俱疲，有的已被折磨得不成人形，還是沒有辦法放手，原因通常是因為感情投入得極深。

「愛情是盲目的」，這句話不單是在萌芽的初始階段成立，對許多女性來說，愛到深處，理性更無法發揮作用，必須拿大榔頭來才敲得醒。那些男人的說法和擄獲芳心的方式幾乎千篇一律，對外面的女人也都很溫柔細膩。

壞男人讓女人焦慮痛苦

不少人問過我，到底什麼是好男人？什麼是壞男人？兩性對「好男人」的標準似乎不太一樣，很多已婚男覺得自己愛家、疼妻，努力賺錢又會分擔家務就已經算是很「好」了，但在女人眼中，充其量只能算是一個「還不錯」的男人。

如果有個疼老婆的老公，他的心中卻常想著別人，妳會覺得這是個好男人嗎？曾經聽過一種說法：好男人，就是比較守規矩的男人，壞男人，就是那些愛違規的。我個人認為好男人除了對女人好也會讓她有安全感，他們不見得比較單純，卻懂得控制情慾，知道遇到誘惑時如何抵擋。而常說謊、不夠坦誠、極度自私的男人算是壞，他們讓女人焦慮、痛苦、患得患失，甚至讓女人絕望。

那為什麼還是有那麼多女孩會愛上已婚熟男，或認為已婚熟男比較有魅力呢？根據我的觀察，如果真要說已婚男比單身男多了點什麼，應該就是女人們很難抵抗已婚男人火力全開時的柔情攻勢。在鎖定獵物後，他們對女方的照顧通常會比單身男人更貼心周到。原因無他，因為知道自己的已婚身份隨時可能曝光，必須把握機會及時行樂。

不安份的已婚男為了滿足私慾，會願意花更多心思熱烈追求女人，比單身男人更積極，尤其是那些權勢地位不是很高的已婚男，很清楚自己唯一有的本錢就只能對女人好。對一些正好芳心寂寞的女性來說，熟男的體貼細心是很難抗拒的誘惑。

懂不懂女人和資質有關

心理學家做過一項調查，發現那些曾經發生過婚外性行為的女人，其中有百分之七十五的出牆原因都不是為了性，而是由於對方能與她親切地溝通和談話。這個數據也說明不管女人有沒有在婚姻裡，都渴望有個懂她又可以談心的男伴，而男人也很明白這一點，知道女人重氣氛，了解只要讓女人或女孩「感覺到位」，

她們很容易就會「自動繳械」。

問過幾個熟女朋友是否覺得已婚熟男比較懂女人？得到的反應大都是搖頭。有些人認為懂不懂女人和資質有關，和年齡倒不一定成正比。顯然，熟男還是在年輕美眉圈比較吃得開。我不能說女孩比熟女好騙，但熟女確實比較看得清熟男的一些「手腳」。

那些不小心誤上賊船、錯愛已婚男的熟女，通常都是因為獨立過頭，一時壓力太大，頭腦突然不清楚，才會被已婚男趁虛而入。「沒辦法，人都有悶的時候，找不到方向，就隨便靠。」一個當過第三者的熟女友人說。但自從被對方的老婆追殺恐嚇之後，她發誓今後不管對方再怎麼勾、條件有多麼優，都不想再跟已婚者有任何感情糾葛了。

不可否認，熟男就和熟女一樣，有種會深深吸引年輕異性的獨特魅力。已婚熟男的情感更熾熱，一不小心就可能被灼傷。讀得懂妳的心和無微不至的照顧，都可能是為了釣妳上鉤的餌，別忘了壞男人能生存，是因為有太多的傻女人。

酷妮可娃 限時批

曾經有女孩問我，為什麼追她的人都是那些想偷吃的已婚男？

我說因為妳臉上寫著渴望愛情又不會太黏人，而且很好哄。

熟男很聰明，已婚的更精，他們不會挑難搞和報復心強的女人當婚外情對象，如果妳是那種耳跟心都很軟，又只想享受愛情甜蜜、不在意承諾的女人，自然是高危險群。

愛情不可能總是星光燦爛，強烈久了，還是會疲乏，就像俊男美女看太久會出現審美疲勞一般。熟男的蜜糖吃多了也會膩，何況那裡面通常是毒藥。

昏迷中或是被催眠的女人們，快醒醒吧！

熟女情慾轉變

美國CBS〈六十分鐘〉節目主持人Andy Rooney曾經針對四十歲以上的女人表達看法，他說：「隨著年齡增長，我越來越珍惜四十歲以上的女人，因為她不會在半夜把你吵醒，然後問：你在想什麼？……她才不在乎你在想什麼。她們直接又誠實，如果你是蠢蛋她們會馬上叫你滾蛋，你完全不需要傷腦筋揣摩她的心意……」哈哈，真的說得很妙。但即便如此，還是很多男人哈熟女，認為三十五歲以上的女人有一種迷人的智慧，渾身散發著成熟的費洛蒙，單單看著她的眼睛便覺得心滿意足……。

我自己也有六、七分熟了，這些年來對情、對慾的看法不斷在變化，但只講自己的轉變歷程似乎還不夠精采，所以我找來四個嚐遍愛情滋味的熟齡女子聊聊情感心境上的美麗轉折，或許在當中妳也會看到自己的影子，好男人也值得花點時間研讀，這份極具參考價值的簡版「都會熟女情慾轉變抽樣調查報告」，可是我費了好大的勁才整理出來的。

Erin，38歲

外商公司公關顧問

未婚，有固定男友

戀愛次數：難以估算

有期待但沒幻想，始終保持一種冷靜

對感情和男人我是「有期待但沒幻想」。只期待可以碰到一個喜歡的男人，但對未來不抱太多幻想；不幻想他有多完美和真的有多適合自己。比較沒那麼看重現實的利益，就算對方條件再好、再有錢，如果我感覺不對，兩個人再怎樣都不可能進一步。因為經濟能力許可，變得比較享受過程，不那麼在意將來會怎麼樣了。

我的現實就是「好好享受浪漫的時光」，因為清楚美好很快就會消失了。別人給的浪漫我不會想得太遠，始終保持一種「冷靜」。還有，我發現自己最大的變化就是，療傷的速度似乎越來越快，有時候三天或一個星期就可以過去。

每投入一段感情時就已經想到了有失敗的可能，因為不知道什麼時候它會消失，所以在一起的時候會玩得很瘋。但冷靜的時候也真的很冷靜；有時看著身邊的人會覺得他其實離妳很遠。我現在算是瘋狂和冷靜的結合體吧！（笑）不管在任何浪漫的情境下，都盡情享受，而且一點都不在乎外人的看法。但兩個人不見面的時候，我就開始變冷靜了。換句話說，就是投入得快，抽身也很快。

不想再為誰委屈自己，因為最壞的已經經歷過了

有些人失望後，懷疑一切、不信任男人，基本上就沒什麼樂趣可言了。我談不上什麼懷疑不懷疑，不太想這些問題，只是享受現在走到哪算到哪，這是面對失望的另一種積極作法。對男人，我也從不想他們還看沒有別的女人什麼的，那樣實在太累了！我不想再為誰委屈自己，因為最壞的我已經經歷過了。

即使經歷很多痛苦，我還是認為男人是很可愛的動物，只是看妳會不會調教和喜歡到什麼程度而已。其他我想的不多，只想好好享受跟喜歡的人在一起的時光。

——Jacqueline，36歲

傳播公司經理

未婚，無固定男友

戀愛次數：10根手指數不完

以前在意愛情的濃度，現在重視自我的自由

我覺得自己在感情方面比較不那麼任性了，也不會因為一點小事就亂想對方是不是不愛自己了。心裡會想，沒什麼大不了，頂多就是不要繼續而已。這樣想輕鬆很多，現在不像以前那麼「鐵齒」，交往態度比較有彈性，會想對方這樣做或是不這樣做都有他的原因吧！

以前很重視愛情的濃度，很在意自己的感覺還有人家是不是絕對愛我，現在重視自我的自由，比較有空間與呼吸感，會理性考量彼此的生活步調和互相協調。以前喜歡被當成公主般呵護，現在理性多了，只要對方不要突然搞消失或者搞冷漠就好，我超怕太悶、太自閉的那種。

——Rachel，45歲
生活雜誌主編
離婚，無固定男友
戀愛次數：3

好像漸漸喪失了某種能力，不太容易對男人動心

我期待和一個完全接納我、包容我，欣賞我的全部（包括我的強勢）的男人交往。在他面前我可以完全放鬆，不化妝甚至耍白癡都沒關係。我需要一個年長能依靠的男人，但個性上不能大男人，更重要的是，還要有點品味。

以我的情況來說，我好不容易才從傳統的婚姻裡掙脫出來，目前只想要一種陪伴的關係，不想再有那麼多的責任和義務，也不想發展太長久的關係，或以某種承諾為前提開始交往。

曾經遇過各方面都很合的對象，他也離了婚，但當我一知道對方有兩個小孩要照顧，發現雙方的期待完全不同時，還是決定分手。我發現自己好像漸漸喪失了某種能力，好像不太容易對男人動心，變得很理性。好不容易遇到個不錯的人，又不想被綁住。

我承認自己對感情很自私，一切都以個人的需求為出發，這一段戀情雖然很短，但分開也沒有太難過，中間的過程還算甜蜜，除了目標期待不一樣，其他部

分都很愉快。另一方面，也可能因為我真的很難百分之百信任透過網路認識的朋友，比較有所保留。

Stephanie，42歲
資深媒體工作者
離婚，有固定男友
戀愛次數：5

懂得如何與自己談戀愛，就不需要向外尋找愛的奇蹟

對我來說愛情是一種最美妙璀璨的奇蹟，因為她能使一顆垂死的心復生，讓眼前的世界霎時綻放七彩的光芒。被愛情揀選的人會由凡夫俗女變成天使，一切都再與以前不一樣。就因為愛情是一種奇蹟，所以你只能期待它的發生，卻無法確定它何時降臨，它要消失的時候，想留也留不住。

我不希望自己只有在奇蹟發生的時刻才能快樂，畢竟絕大部分的時候，人是活在非奇蹟的常態之下的。所以，無論愛情在或不在，都要讓自己一個人的日子過得好，我把愛自己當成最重要的一件事，讓自己快樂最要緊，何苦為了男人而妥協委屈？只要懂得如何與自己談戀愛，就不需要向外尋找奇蹟了。

身邊有很多女人把有沒有男人愛當成最重要的一件事，無可避免的，她們很容易就變成了那種令人厭煩的笨蛋女人，為了抓住一個男人而尋死尋活，甚至為了討好一個男人而刮骨抽脂……，什麼虐待自己的奇怪招術都想得出來，結果愛情令她們快樂了嗎？沒有，只是更痛苦而已。

我的想法是，愛情來臨時雖然美好，離去之後也一樣自在，會坦然接受愛情裡所有的狂悲與狂喜。到了一定年紀，該嚐該玩的把戲也差不多都嚐過玩過了，我把愛情當作一場靈魂盛宴，需要那種完全親密融合的關係。所以我不像有些朋友喜歡談姊弟戀，我只對心智各方面都很成熟的中年男人感興趣。

酷妮可娃 限時批

不知道大家看完這篇文章之後有什麼想法？我把它放在壓軸，因為我知道這代表許多單身族群的想法，對於只想為自己而活的熟男熟女而言，為了只是和喜歡的人共同生活而承諾一生、勉強自己放棄很多東西，代價似乎太高。尤其對已經嘗過婚姻滋味的人來說，更覺得沒必要為了想喝免費牛奶而買頭母牛，或是一根香腸而買回整隻豬。

選擇單身不見得是退而求其次，或是哀莫大於心死，不過我更相信，對大部分的人來說，單身只是一個逗點，並不是一個句號。

Colorful 19

愛情趴趴走

當愛情遇上婚姻

作　　者／張　璇
插　　畫／溫貝琳
責任編輯／何宜珍
美術設計／林家琪

發 行 人／何飛鵬
法律顧問／台英國際商務法律事務所　羅明通律師
出　　版／商周出版
臺北市中山區民生東路二段141號9樓
電話：(02) 2500-7008　傳真：(02) 2500-7759
E-mail：bwp.service@cite.com.tw
發　　行／英屬蓋曼群島商家庭傳媒股份有限公司城邦分公司
臺北市中山區民生東路二段141號2樓
讀者服務專線：0800-020-299　24小時傳真服務：(02)2517-0999
讀者服務信箱E-mail：cs@cite.com.tw
劃撥帳號／19833503　戶名：英屬蓋曼群島商家庭傳媒股份有限公司城邦分公司
訂購服務／書虫股份有限公司客服專線：(02)2500-7718；2500-7719
服務時間：週一至週五上午09:30-12:00；下午13:30-17:00
24小時傳真專線：(02)2500-1990；2500-1991
劃撥帳號：19863813　戶名：書虫股份有限公司
E-mail：service@readingclub.com.tw

香港發行所／城邦(香港)出版集團有限公司
香港灣仔軒尼詩道235號3樓
電話：(852) 2508 6231或2508 6217　傳真：(852) 2578 9337
馬新發行所／城邦(馬新)出版集團
Cité (M) Sdn. Bhd. (458372U)
11, Jalan 30D/146, Desa Tasik, Sungai Besi,
57000 Kuala Lumpur, Malaysia.
電話：603-90563833　傳真：603-90562833
行政院新聞局北市業字第913號

印　　刷／鴻霖印刷傳媒股份有限公司
總 經 銷／農學社　電話：(02)2917-8022　傳真：(02)2915-6275

■2008年（民97）10月7日初版
ISBN 978-986-6751-03-9
Printed in Taiwan
定價二四〇元

城邦讀書花園
www.cite.com.tw

ISBN 978-986-6571-03-9

國家圖書館出版品預行編目資料
愛情趴趴走：當愛情遇上婚姻／張璇著. --初版.
--臺北市：商周出版：家庭傳媒城邦分公司發行，
2008〔民97〕
面；　公分. --（Colorful；19）
ISBN 978-986-6571-03-9（平裝）
1. 兩性關係
544.7　　97012210

廣　告　回　函	
北區郵政管理登記證	
台北廣字第 000791 號	
郵資已付，免貼郵票	

104 台北市民生東路二段 141 號 2 樓

英屬蓋曼群島商家庭傳媒股份有限公司　城邦分公司

請沿虛線對摺，謝謝！

商周出版

書號：　BC7019	書名：　愛情趴趴走──當愛情遇上婚姻

商周出版

讀者回函卡

謝謝您購買我們出版的書籍！請費心填寫此回函卡，我們將不定期寄上城邦集團最新的出版訊息。

姓名：________________

性別：□男　□女

生日：西元 ________ 月 ________ 日 ________

地址：________________

聯絡電話：________ 傳真：________

E-mail：________________

職業：□1.學生 □2.軍公教 □3.服務 □4.金融 □5.製造 □6.資訊
□7.傳播 □8.自由業 □9.農漁牧 □10.家管 □11.退休
□12.其他 ________________

您從何種方式得知本書消息?
□1.書店□2.網路□3.報紙□4.雜誌□5.廣播 □6.電視 □7.親友推薦
□8.其他 ________________

您通常以何種方式購書?
□1.書店□2.網路□3.傳真訂購□4.郵局劃撥 □5.其他 ________

您喜歡閱讀哪些類別的書籍?
□1.財經商業□2.自然科學 □3.歷史□4.法律□5.文學□6.休閒旅遊
□7.小說□8.人物傳記□9.生活、勵志□10.其他 ________

對我們的建議：

____

____

____

____

COLORFUL

COLORFUL

COLORFUL